JN097917

LE PETIT MANUEL DE LA

DE LA

TARTE

Le Petit Manuel de la Tarte
©Hachette-Livre(Marabout), 2019
de Mélanie Dupuis et Pierre Javelle

Japanese translation rights arranged with Hachette-Livre, Paris
through Tuttle-Mori Agency, Inc.,Tokyo

美しいタルトの教科書

レシピ&解説：メラニー・デュピュイ
写真：ピエール・ジャヴェル
絵：ヤニス・ヴァルツィコス
技術説明：アンヌ・カゾール
翻訳：田中裕子

SOMMAIRE

目次

本書の使い方

第 1 章
基本の生地／クリーム

タルト作りの基本となるレシピ（生地、ガナッシュ、グラサージュ、フォンサージュなど）をまとめました。それぞれの材料、作り方、コツなどを、写真とイラストを添えて解説します。

第 2 章
タルトのレシピ

タルトのレシピを紹介します。それぞれのタルトがどのように構成されているかをイラストで示し、作り方の手順を写真を添えて解説します。関連する基本レシピと基本テクニックのページ数も記載しています。

第 3 章
用語解説

タルト作りに役立つマニュアルです。材料と道具の扱い方、基本テクニックなどを、写真とイラストを添えて解説します。

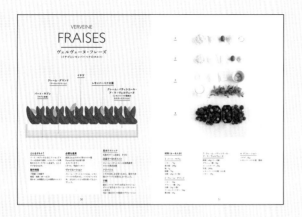

タルトや生地の構造と特徴、上手に仕上げるポイントなどをイラストと文章で解説しています。制作時間はあくまで目安です。必要な道具には、泡立て器やボウル等の基本的な道具は明記しておりませんのでご注意ください。

材料を写真と材料表で紹介しています。なお、写真と材料表の分量が異なる場合がありますが、材料表の分量を参考にしてください。

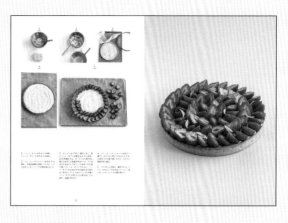

上部に製作工程の写真、下部で手順を解説しています。

仕上がりイメージです。

お菓子を作りはじめる前に

- 材料表のバターは「食塩不使用バター」を使用します。

- 材料表の生クリームは、乳脂肪分35〜38%のものを使用します。

- 材料表の塩は特に記載がない場合、精製塩を使用します。

- 材料表のチョコレートは製菓用（クーベルチュール）を使用します。なお本書では、ブラックチョコレートはカカオ含有量55%以上のものを、ミルクチョコレートはカカオ含有量35〜41%のものを、ホワイトチョコレートはカカオ含有量34%以上のものを使用しています。

- 粉類（アーモンドパウダー、ココアパウダー、粉糖も含む）は使う前にふるいます。

- 打ち粉、型、天板等に塗るバターや粉類は特に記載がない場合すべて分量外です。

- 生地を伸ばす時の打ち粉は、均等に散りやすい強力粉を使用します。

- シャンティイを作る、クレーム・パティシエールを冷やす、板ゼラチンを戻す（水温が高い場合）といった作業には氷が必要になるので、氷を用意しておくと便利です。

- 表示のオーブンの温度や焼成時間はあくまでも目安です。オーブンの機種や特性に応じて適宜調節してください。
  家庭用オーブンの場合、焼成温度より20〜30℃高めの設定で予熱を十分に行ってください。

- 作業する室温は15〜20℃を想定しています、常温にする場合はこの温度まで冷まし（温め）ます。

- 本書に掲載されている材料や道具の中には、日本では入手しにくいものもありますので、一部代用品を記載しています。
  日本国内でも、インターネット上ではぼすべてのものを入手することができます。

- 本書は『美しいフランス菓子の教科書』（小社刊）の原書の内容を一部再録しているページがありますが、タルトの専門書としてより詳しい翻訳に改訂しています。

CHAPITRE 1

LES BASES

第 1 章
基本の生地／クリーム

PÂTE
SABLÉE

パート・サブレ
(サブレ生地)

どんな生地?
タルトの土台によく使われる生地。同様によく使われるパート・シュクレに比べると、バターの分量が少なく、製作手順も異なります。

製作時間
下準備：15分
寝かせ：6時間以上
（24時間がベスト）

必要な道具
スタンドミキサー
（ボウル、平面ビーター）
カード

注意すべきポイント
砕けやすい生地なので扱いに気をつけましょう。

基本テクニック
ラップでふたをする　P.136
打ち粉をする　P.139
生地を押し伸ばす　P.139

保存方法
焼成前の生地は冷凍で3カ月保存できます。大きな塊のままラップで包むか、小分けして平らに伸ばして密閉容器に入れておきましょう（小分けする場合は、重ねた時にくっつかないようそれぞれに打ち粉をしておく）。
あるいは、セルクル型に敷き込んでから冷凍してもかまいません。

手順
前日：生地を作る
当日：敷き込みと焼成

ヴァリエーション
薄力粉を20g減らし、代わりにココアパウダー20gを加えてもよいでしょう。

アドバイス
生地をこねすぎると、焼成時に縮んでしまい、独特のほろほろした食感も失われてしまうので気をつけましょう。

ほろほろ、サクサクした食感の生地になるのはなぜ?
薄力粉とバターを両手ですり合わせて、生地を砂状にするからです（サブラージュ）。材料同士の結合がゆるいため、グルテン網の形成が抑えられ、粘りや弾力が出にくくなります。また、糖分が乳脂肪に溶けきらずに一部が結晶状のまま残ることでも、サクサクした食感がもたらされます。

焼成時に生地の端が落ちやすいのはなぜ?
どうしたら避けられるの?
オーブンで焼くと、生地に含まれるバターが溶けて、生地自体も柔らかくなります。そのため、型に敷き込んで垂直になった端が落ちやすくなるのです。それを避けるために、焼成前に生地を冷蔵庫に入れておきましょう。生地を冷やし固めることで、バターが柔らかくなりにくくなり、形をきれいに保ったまま焼き上げることができます。

材料
（直径22cmの
セルクル型1台分）

バター：70g
薄力粉：200g
塩：1g
粉糖：70g
全卵：60g（大1個）

1　小さくカットしたバターをスタンドミキサーのボウルに入れ、薄力粉と塩を加える。平面ビーターで最速でかく拌し、粗めの砂状にする。手を使う場合は、はじめはカードを使って切るように混ぜ合わせ、バターが小さくなったら両手ですり合わせる。こねすぎないよう気をつける。

2　粉糖と卵を加え、均一になるまで混ぜる。必要に応じて、台の上で1〜2回生地を押し伸ばす。

3　生地を平らにしてラップで包み、冷蔵庫に6時間以上（24時間がベスト）入れる。

PÂTE
SUCRÉE

パート・シュクレ
（シュクレ生地）

どんな生地？

タルトの土台によく使われる生地。
パート・サブレとは異なり、最初にバ
ターをクリーム状にしておいて他の材
料としっかり混ぜ合わせます。ナッツ
パウダーを混ぜ込むことも可能です。

製作時間

下準備：15分
寝かせ：6時間以上
（24時間がベスト）

必要な道具

スタンドミキサー
（ボウル、平面ビーター）

注意すべきポイント

生地を均一にする
敷き込み

手順

前日：生地を作る
当日：敷き込みと焼成

基本テクニック

ラップでふたをする　　　　P.136
バターをクリーム状にする　P.137
バターをポマード状にする　P.137
打ち粉をする　　　　　　　P.139
生地を押し伸ばす　　　　　P.139

保存方法

焼成前の生地は冷凍で
3カ月保存できます。

ヴァリエーション

チョコレート生地を作るには、
ココアパウダーを10g加えます。
ヘーゼルナッツ風味にするに
は、ヘーゼルナッツパウダー
を50g加えます（他のナッツ
パウダーの場合も同量）。

アドバイス

生地をしっかりなじませるために、冷
蔵庫に6時間以上（24時間がベス
ト）、あるいは冷凍庫に30分以上入
れてから焼成しましょう。生地をこね
すぎると独特のサクッとした食感が
失われるので気をつけましょう。

サクッとした食感になるのはなぜ？

バターに砂糖と卵を加えてクリーム状にしてから薄力粉を加えるため、パート・サブ
レのようにほろほろした食感ではなく、サクッとした食感になります。焼成で凝固し
た卵がつなぎの役割を果たすことも、固めの質感をもたらす一因になります。

焼成時に生地の端が落ちやすいのはなぜ？
どうしたら避けられるの？

オーブンで焼くと、生地に含まれるバターが溶けて生地自体も柔らかくなり、型に敷
き込んだ端が落ちやすくなります。それを避けるには、型の内側にバターを薄く塗っ
ておくと糊の役割を果たします。また、生地を冷蔵庫で冷やし固めておくことで、生
地に含まれるバターが溶けにくくなり、形をきれいに保ったまま焼き上げることができ
ます。

材料
(直径24cmの
セルクル型1台分)

バター：115g
粉糖：70g
全卵：45g（小1個）
塩：1つまみ
薄力粉：200g

1　ポマード状にしたバターを、粉糖と一緒にスタンドミキサーのボウルに入れる。平面ビーターでかく拌してクリーム状にする。

2　卵に塩を加えてから1に少しずつ入れて混ぜ、最後に薄力粉を加える（ココアパウダーやヘーゼルナッツパウダーもここで加える）。均一になるまでかく拌し、台の上で1〜2回生地を押し伸ばす。

3　生地を平らにしてラップで包み、冷蔵庫に6時間以上（24時間がベスト）入れる。

FONCER
UNE PÂTE

フォンサージュ
(型に生地を敷き込む)

どんなテクニック?

タルト型に生地を敷き込みます。

基本テクニック

打ち粉をする　P.139
生地を押し伸ばす　P.139

必要な道具

セルクル型
角セルクル型(カードル)
タルト用セルクル型
小さなタルト(タルトレット)用
セルクル型など
麺棒
ペティナイフ

アドバイス

生地を麺棒で軽く押しながら、数mmごとに少しずつ伸ばします。力まかせにぐいぐい押さないこと。厚さ2cmの生地をひと息に2mmにしようとするのはやめましょう。型の内側にバターを薄く塗ることで、敷き込んだ生地が型に密着し(生地の端が落ちにくくなる)、焼き上がり時には型離れしやすくなります。タルト型は底なしのセルクル型を使いましょう。焼き具合を底から確認できるので、フィリングは焼けたのに生地が生焼けという失敗を避けられます。

美しく仕上げるコツ

生地が台にくっつかないよう打ち粉をします。量が多すぎると材料の小麦粉の分量が増えて、生地が固くなるので気をつけましょう。薄く伸ばした生地は破れやすいので、麺棒に巻きとってそっと移動させます。

空焼きする

どんなテクニック?

フィリングを焼きすぎないよう、あらかじめ生地だけを焼いておきます。

フィリングを詰めて再度焼く場合

170℃のオーブンに15〜20分ほど入れます。触って弾力があり、軽く焼き色がつくまで焼きましょう。オーブンから出して冷まし、型からはずします。フィリングを詰めてさらに15〜20分ほど、生地の側面にきれいな焼き色がつくまで焼きます。

フィリングを詰めず空焼きのみの場合

170℃のオーブンに25〜35分ほど入れます。焼いている途中で型からはずし、底と同じように側面もきれいに色づくまで焼き上げます。

焼き加減を見るには

パレットナイフで生地の底をそっと持ち上げて、均一な焼き色がついているかどうかを確かめます。

ココアパウダー入りタルト生地の場合

150℃のオーブンで12〜15分ほど焼きます。色では焼き加減を確かめられないので、触って弾力があるかどうかを目安にします。

1　寝かせた生地を冷蔵庫から出し、打ち粉をする。台にも打ち粉をする。麺棒で叩いて生地をなめらかにし、縁にひびが入ったら手のひらで押し伸ばす。

2　生地を台に広げ、麺棒でゆっくりと、必要な厚さになるまで均等に伸ばす。麺棒で3～4回押すごとに90度ずつ回転させながら伸ばしていく。必要に応じて打ち粉をする。型に合わせて余分な生地をカットする。

3　伸ばした生地を麺棒でそっと巻きとり、セルクル型の上にのせる。型の内側にあらかじめバターを塗っておく。生地の上から力をかけないよう気をつける。

4　一方の手で生地の縁を持ち上げて、セルクル型の高さに合わせた側面を作る。もう一方の手でその側面を型に慎重に沿わせていき、底と側面が直角になるように敷き込む。親指で縁を軽く押して、セルクル型に密着させる。指の跡がつかないよう気をつける。

5　型の上に麺棒を転がし、余分な生地をカットする。あるいは、ペティナイフを平らに使って少しずつカットする。

6　生地全体をフォークの先でピケする。そのまま冷凍庫で30分、または冷蔵庫で2時間寝かせる。

小さなタルト（タルトレット）用 セルクル型を使う場合

麺棒で生地を伸ばしたら、抜き型で丸くくり抜く。セルクル型の高さに合わせて、型の直径より2～3cm大きめにくり抜く。

重石を使う場合

ピケして寝かせた生地の上にオーブンシートを敷いて重石をのせ、オーブンで10～20分焼く。フィリングを詰めて再度焼く場合は、重石をはずしてフィリングを入れて焼く。フィリングを詰めない場合は、重石をはずしてさらに10分ほど焼く。

PÂTE
FEUILLETÉE

パート・フイユテ
（折り込みパイ生地）

どんな生地？

薄くてパリパリした生地。乳脂肪分を多く含む。バターを包んだ「デトランプ」と呼ばれる生地を幾層にも折りたたむと、焼成後にパイ生地になります。

製作時間

下準備：1時間10分
（デトランプ10分⇒3つ折り
2回20分⇒3つ折り2回20分
⇒3つ折り2回20分）
焼成：20〜40分
寝かせ：2〜3日

必要な道具

麺棒

応用

フイユタージュ・アンヴェルセ（逆折り込みパイ生地）：
バターで生地を包んで折り込みます。室温18℃の環境で行いましょう。通常のフイユタージュよりバターの層が多くなるので、パリパリ感が増します。
パート・ルヴェ・フイユテ（折り込み発酵生地）：
パート・フイユテと同じ要領で、発酵生地にバターを折り込みます。クロワッサンなどに使われます。

手順・保存方法

前日：デトランプを作る⇒バターを折り込む
⇒3つ折りを2回行う
当日：3つ折りを2回行う⇒3つ折りを1〜2回行う
小分けしてラップで包むと、冷凍で3カ月保存できます。

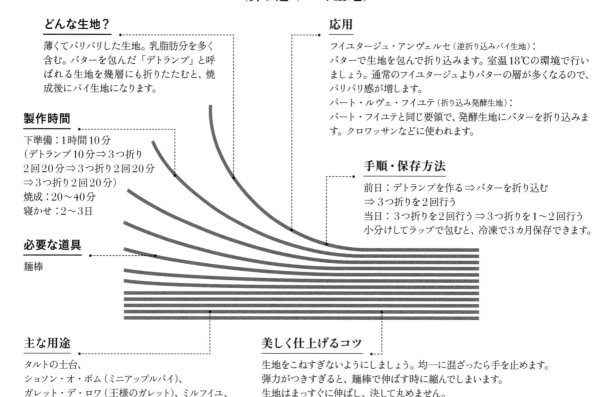

主な用途

タルトの土台、
ショソン・オ・ポム（ミニアップルパイ）、
ガレット・デ・ロワ（王様のガレット）、ミルフイユ、
ピティヴィエ（アーモンドクリームパイ）。
フィリングを入れて焼くことも、空焼きすることもできます（例：ミルフイユ）。

美しく仕上げるコツ

生地をこねすぎないようにしましょう。均一に混ざったら手を止めます。
弾力がつきすぎると、麺棒で伸ばす時に縮んでしまいます。
生地はまっすぐに伸ばし、決して丸めません。
3つ折り（トゥール・サンプル）は6回までとします。それ以上行うとバターの層と生地の層が混ざって、パート・ブリゼのようになってしまいます。何回3つ折りを行ったか忘れないよう、指で軽く生地を押して印をつけておくとよいでしょう。

薄い層状の生地ができるのはなぜ？

生地の層の間にバターの層を挟み込むことで、焼成時に蒸発した生地の水分がバターの層の中に閉じ込められます。その蒸気が生地の層を膨らませるのです。

デトランプを冷蔵庫で寝かせるのはなぜ？

小麦粉に水を加えると、小麦粉のデンプン粒が膨らみます。このデンプン粒の間にバターが入り込むと、小麦粉のタンパク質がグルテン網を形成します。グルテン網が形成されると生地に弾力がついて固くなりますが、冷蔵庫で寝かせることで柔らかくなり、扱いやすくなるのです。

材料（1kg分）

デトランプ用
薄力粉：250g
強力粉：250g
水：230g
酢（ホワイトビネガー）：20g
塩：10g
溶かしバター：60g

折り込み用
バター：300g

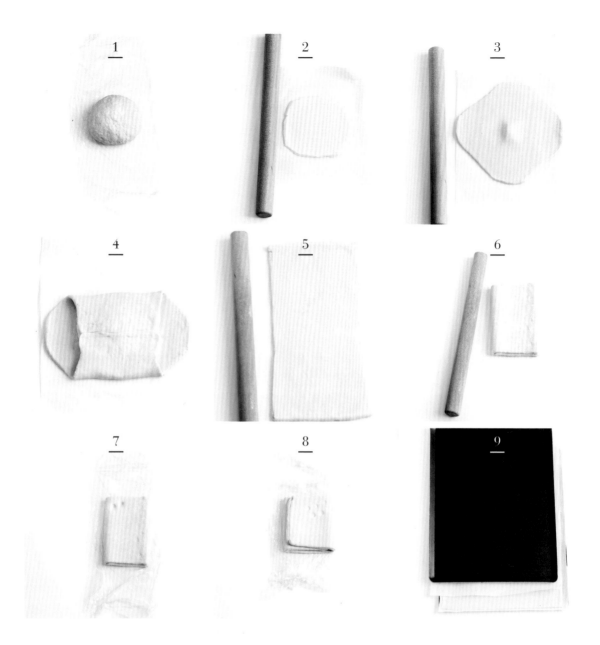

1　台の上に薄力粉と強力粉を広げ、中央にくぼみを作り、そこにデトランプ用のすべての材料をのせる。指先で混ぜて生地を均一にする。ラップで包んで冷蔵庫に2時間入れる。

2　折り込み用バターを2枚のオーブンシートで挟み、麺棒で叩いて一辺15cm、厚さ1cmの正方形に整える。そのまま冷蔵庫に入れておく。

3　1のデトランプと2のバターを室温に戻し、30分経ってから作業をはじめる。台に打ち粉をし、デトランプを麺棒で伸ばして一辺35cmの正方形に整える。この後のせるバターが動いて外にはみ出さないよう、中心に小さな突起を作る。

4　デトランプの角に対して45度ずらして、バターを中心に置く。デトランプの四隅を折りたたんでバターを包みこむ。全体の厚みを均等にする。

5　1回目の3つ折りを行う。台に打ち粉をし、4を麺棒で長方形に伸ばす。手前から奥へ向かって縦にまっすぐ伸ばす。

6　生地を3つ折りにする。余分な打ち粉を払いながら、手前から1/3を奥へ向けて折り曲げ、奥から1/3を折り曲げてその上に重ねる。これで1回目が終了。生地を反時計回りに90度回転させる。

7　この時点でバターがデトランプからはみ出していなければ、5～6の要領で2回目の3つ折りを行う。もしバターがはみ出していたら、冷蔵庫に2～3時間入れてから行う。生地を反時計回りに回転させる。ここで一旦冷蔵庫に入れ、できれば翌日まで休ませる。

8　5～6の要領でさらに2回3つ折りを行う。冷蔵庫で3時間寝かせてから、さらに1～2回行う。

9　オーブンを180℃に温めておく。8の生地を麺棒で厚さ2mmに伸ばし、オーブンシートを敷いた天板の上に置く。その上にオーブンシートを敷き、別の天板をのせて重しをする。こうすることで、厚さが均等なパイ生地が焼き上がる。オーブンに15分ほど入れて、その後は5分置きに焼き加減を確認する。全体が均一な黄金色になったらオーブンから取り出し、金網にのせて冷ます。

SABLÉ
BRETON

サブレ・ブルトン
（ブルターニュ風サブレ生地）

どんな生地？

そのまま食べることも、タルトの土台
にすることもできるビスキュイ。

基本テクニック

カードを使いこなす　P.136
バターをクリーム状にする　P.137
バターをポマード状にする　P.137

製作時間

下準備：20分
焼成：15〜20分
冷凍：1時間以上

手順

生地の下準備⇒焼成

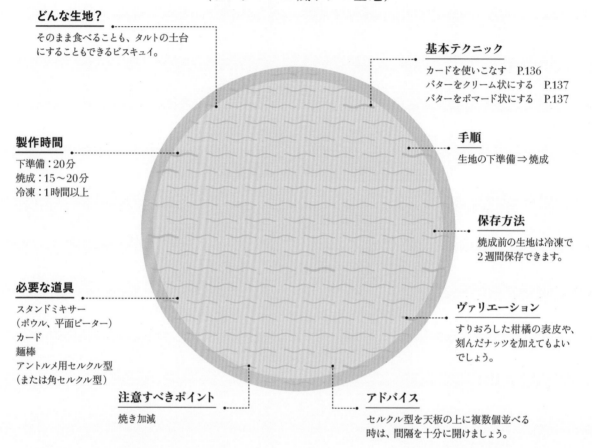

保存方法

焼成前の生地は冷凍で
2週間保存できます。

必要な道具

スタンドミキサー
（ボウル、平面ビーター）
カード
麺棒
アントルメ用セルクル型
（または角セルクル型）

ヴァリエーション

すりおろした柑橘の表皮や、
刻んだナッツを加えてもよい
でしょう。

注意すべきポイント

焼き加減

アドバイス

セルクル型を天板の上に複数個並べる
時は、間隔を十分に開けましょう。

焼成前に生地を冷凍するのはなぜ？

生地を急速に冷やすことで脂肪分が結晶化し、グルテン網の形成が抑えられます。
独特のサクサクした食感が生まれるのはそのためです。

ベーキングパウダーを使うのはなぜ？

ベーキングパウダーを使うと、焼成した時に生地に空気が入ります。
生地にサクサク感がもたらされるのはそのためでもあります。

材料
（直径24cmの
セルクル型1台分）

バター：110g
グラニュー糖：105g
卵黄：45g（卵2〜3個）
薄力粉：150g
ベーキングパウダー：4g
塩：2g

1　スタンドミキサーのボウルに、ポマード状にしたバターとグラニュー糖を入れ、平面ビーターで混ぜてクリーム状にする。手を使う場合はゴムべらを使って混ぜる。

2　卵黄、薄力粉の半量、ベーキングパウダー、塩を加えてさらに混ぜる。

3　ボウルの内側にくっついた生地をカードでこそげ取り、残りの薄力粉を加え、生地が均一になるまで混ぜ合わせる。

4　2枚のオーブンシートの間に生地を挟み、麺棒で厚さ1cmに伸ばす。上のシートをはずし、アントルメ用セルクル型で生地を抜く（必要に応じて、大きな型1個、あるいは小さな型複数個を使う）。そのまま冷凍庫で1時間以上寝かせる。

5　オーブンを170℃に温めておく。凍ったままの生地を型ごと天板に置き、15〜20分オーブンに入れて表面が黄金色になるまで焼く。オーブンから取り出したらすぐに型をはずし、室温で冷ます。

BISCUIT
SHORTBREAD

ビスキュイ・ショートブレッド
（ショートブレッドのビスキュイ生地）

どんな生地？
卵が入っていない、サクッとして、
ほろっとくずれるビスキュイ。

基本テクニック
バターをポマード状にする　P.137

製作時間
下準備：15分
焼成：30〜40分
寝かせ：2時間以上

手順
前日：生地を作る
当日：焼成

必要な道具
スタンドミキサー
（ボウル、平面ビーター）
カード
角セルクル型
（カードル）

ヴァリエーション
ピーカンナッツの代わ
りに、他のナッツや柑
橘の表皮を入れたり、
何も入れずにプレー
ンにしたりしてもよい
でしょう。

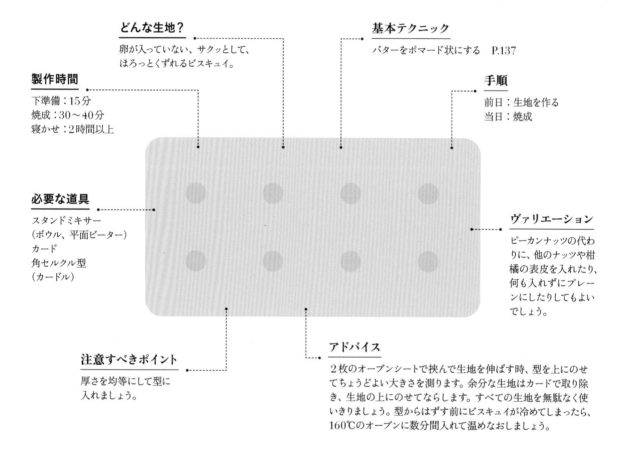

注意すべきポイント
厚さを均等にして型に
入れましょう。

アドバイス
2枚のオーブンシートで挟んで生地を伸ばす時、型を上にのせ
てちょうどよい大きさを測ります。余分な生地はカードで取り除
き、生地の上にのせてならします。すべての生地を無駄なく使
いきりましょう。型からはずす前にビスキュイが冷めてしまったら、
160℃のオーブンに数分間入れて温めなおしましょう。

生地を伸ばす前にこねすぎてはいけないのはなぜ？
生地をこねすぎるとグルテン網が形成されるため、弾力が出ます。ショートブレッド生
地は、ほろっとくずれる食感が特徴なので、弾力を抑えるようにしましょう。

焼成前に生地を冷蔵庫で寝かせるのはなぜ？
脂肪の粒子を固めるためです。バターをたっぷり使うことにより、生地がサクッとし
た食感になります。

材料
（一辺24cmの
角セルクル型1台分）

ピーカンナッツ：35g
バター：130g
グラニュー糖：65g
薄力粉：175g
片栗粉：30g
塩：2g
型に塗るためのバター：30g

1　ピーカンナッツを細かく刻む。

2　スタンドミキサーのボウルに、ポマード状にしたバターとグラニュー糖を入れ、平面ビーターで混ぜる。ふるいにかけた薄力粉と片栗粉、塩を加え、ざっくりと混ぜ合わせる。

3　1のピーカンナッツを加え、生地が均一になるまでさらに混ぜる。あまりこねすぎないように気をつける。

4　型の内側にバターを塗り、1cmほどの厚さになるよう生地を敷きつめる。そのまま冷蔵庫で2時間以上寝かせる。

5　オーブンを160℃に温めておく。冷蔵庫から出した生地をオーブンに入れ、黄金色になるまで30分ほど焼く。

6　ある程度冷めたら、型とビスキュイの間にナイフの刃を入れて、型から取りはずす。

BISCUIT AUX
AMANDES

ビスキュイ・オ・ザマンド
(アーモンド風味のビスキュイ生地)

製作時間

下準備：15分
焼成：12〜15分

どんな生地？

軽くて、ふんわりして、タルトの土台として使える生地。さまざまなフレーバーをつけることもできます。

手順

ベース生地を作る⇒ムラング・フランセーズを作る⇒ベース生地とムラングを混ぜて生地を作る⇒生地を伸ばす⇒焼成
生地にラップをして、冷凍で3週間、冷蔵で2日間保存できます。

必要な道具

スタンドミキサー（ボウル、ワイヤーホイップ）
ゴムべら
L字型パレットナイフ

美しく仕上げるコツ

生地を伸ばす時にオーブンシートがずれないよう、ポマード状にしたバター（P.137参照）を天板の上に薄く塗っておきましょう。

ヴァリエーション

粉糖30gをココアパウダー30gに変更して、薄力粉と一緒に合わせてもよいでしょう。

基本テクニック

2種類のクリームや生地を混ぜ合わせる　P.136
天板の用意をする　P.139

応用

ビスキュイ・アマンド・フランボワーズ（ラズベリー風味）：砕いた冷凍ラズベリー120gを最後に加えます。
ビスキュイ・アマンド・ピスターシュ（ピスタチオ風味）：細かく刻んだピスタチオ100gを最後に加えます。
ビスキュイ・アマンド・ペカン（ピーカンナッツ風味）：細かく刻んだピーカンナッツ100gを最後に加えます。
ビスキュイ・アマンド・カフェ（コーヒー風味）：コーヒー・エッセンス20gをメレンゲと混ぜる前に加えます。

注意すべきポイント

生地は天板の上に均等に伸ばしましょう。

あまり新しくない卵を使うのはなぜ？

卵白に含まれるタンパク質が柔らかくなっているので、メレンゲが立ちやすいからです。メレンゲを作る時には新鮮すぎない卵白がおすすめです。

ふんわりした食感を作るにはどうすればいいの？

ベース生地とメレンゲを混ぜ合わせる時や、生地を天板に伸ばす時に、こねすぎないようにしましょう。生地に空気が含まれている状態を維持することで、ふんわりした食感のビスキュイになります。

材料
（30×40cmの天板1枚分）

ベース生地用
全卵：70g（1〜2個）
卵黄：40g（卵2〜3個）
粉糖：75g
アーモンドパウダー：75g
薄力粉：65g

ムラング・フランセーズ
（フレンチ・メレンゲ）用
卵白：115g（卵3〜4個）
グラニュー糖：50g

1　オーブンを180℃に温めておく。ベース生地を作る。スタンドミキサーのボウルに、全卵、卵黄、粉糖、アーモンドパウダーを入れ、最速で2分ほどかく拌する。別のボウルに移しておき、スタンドミキサーのボウルを洗う。

2　ムラング・フランセーズを作る。スタンドミキサーのボウルに卵白を入れて低速で泡立てる。ムース状になったらグラニュー糖を分量の1/4加えて中速で泡立てる。表面に小さな波が立ってきたら、さらにグラニュー糖を1/4加えて高速で泡立てる。

3　ワイヤーホイップにメレンゲがからまるようになったら、残りのグラニュー糖を加えて最速で2分ほど、角が立つまで泡立てる。

4　薄力粉をふるいにかける。半量の薄力粉、3のムラングの1/3、1のベース生地をボウルに入れ、ゴムべらで均一になるまで混ぜる。残りの薄力粉を加えて軽く混ぜ、残りのムラングを加えてさっくりと合わせる。

5　オーブンシートを敷いた天板の上に4の生地を流し、L字型パレットナイフで均等に伸ばす。生地をこねまわさないよう気をつける。

6　すぐにオーブンに入れて12〜15分焼く。金網の上にのせて冷ます。

CRUMBLE
CHOCOLAT

クランブル・ショコラ
（チョコレート風味のクランブル生地）

どんな生地？

チョコレートでコーティングされた、カリカリした食感の生地。ムースをベースにしたお菓子の食感のアクセントに。

製作時間

下準備：30分
焼成：15〜20分
寝かせ：2時間以上

必要な道具

麺棒
ゴムべら
セルクル型

基本テクニック

チョコレートを湯煎で溶かす
P.138
天板の用意をする　P.139

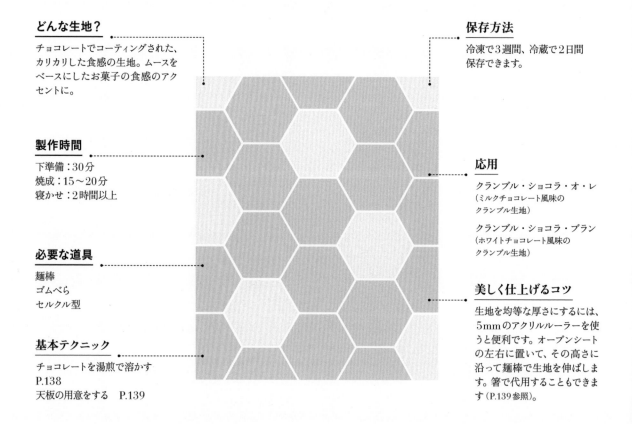

保存方法

冷凍で3週間、冷蔵で2日間保存できます。

応用

クランブル・ショコラ・オ・レ
（ミルクチョコレート風味の
クランブル生地）

クランブル・ショコラ・ブラン
（ホワイトチョコレート風味の
クランブル生地）

美しく仕上げるコツ

生地を均等な厚さにするには、5mmのアクリルルーラーを使うと便利です。オーブンシートの左右に置いて、その高さに沿って麺棒で生地を伸ばします。箸で代用することもできます（P.139参照）。

クランブル生地にこんがりと焼き色がつくのはなぜ？

170℃で生地を焼成することで、メイラード反応とカラメル化反応という2つの反応が起こるためです。メイラード反応は、アミノ酸（バターに含まれるタンパク質）と糖（グラニュー糖とチョコレートに含まれる）が結合することで起こります。カラメル化反応は、糖の加熱によって起こります。2つの反応がダブルで起こることで生地がこんがりと色づくのです。

材料（300g分）

アーモンドパウダー：50g
グラニュー糖：50g
薄力粉：50g
バター：50g
ブラックチョコレート：100g

1 オーブンを170℃に温めておく。アーモンドパウダー、グラニュー糖、薄力粉、バターを混ぜて、生地をそぼろ状にする。天板の上にオーブンシートを敷いて、その上に薄く伸ばす。

2 オーブンに入れて、時々かき混ぜながら15〜20分焼く。全体が黄金色になったら取り出して冷ます。

3 ブラックチョコレートを湯煎で溶かす。2の生地を加えてゴムべらで混ぜる。セルクル型に入れて約5mmの厚さに整える。あるいは型を使わずに、2枚のオーブンシートで挟んで麺棒で伸ばしてもよい。冷蔵庫で2時間以上寝かせる。

4 型を使わなかった場合は、オーブンシートをはずし、ナイフで好みの大きさにカットする。

CRÈME
D'AMANDES

クレーム・ダマンド
（アーモンドクリーム）

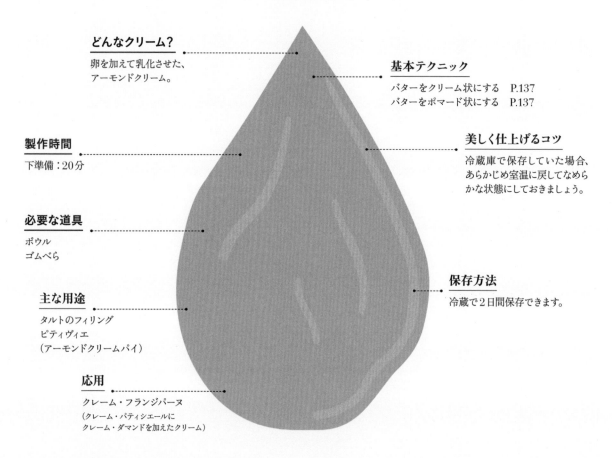

どんなクリーム？
卵を加えて乳化させた、
アーモンドクリーム。

基本テクニック
バターをクリーム状にする　P.137
バターをポマード状にする　P.137

製作時間
下準備：20分

美しく仕上げるコツ
冷蔵庫で保存していた場合、
あらかじめ室温に戻してなめら
かな状態にしておきましょう。

必要な道具
ボウル
ゴムべら

主な用途
タルトのフィリング
ピティヴィエ
（アーモンドクリームパイ）

保存方法
冷蔵で2日間保存できます。

応用
クレーム・フランジパーヌ
（クレーム・パティシエールに
クレーム・ダマンドを加えたクリーム）

焼成時に膨らむのはなぜ？
材料を混ぜ合わせる間に入り込んだ空気が、焼成することで膨らむからです。
クリーム自体も膨らんでムース状になります。

材料（400g分）

バター：100g
グラニュー糖：100g
全卵：100g（2個）
アーモンドパウダー：100g
薄力粉：20g

1　ポマード状にしたバターとグラニュー
糖をボウルに入れ、ゴムべらで混ぜてクリー
ム状にする。

2　卵を2〜3回に分けて加え、その都度
よく混ぜ合わせた後、アーモンドパウダー
と薄力粉を加えゴムべらで混ぜる。あまり
空気を入れないように気をつける。すぐに
使わない場合は冷蔵庫で保存する。

CRÈME
PÂTISSIÈRE

クレーム・パティシエール
（カスタードクリーム）

応用
クレーム・ムースリーヌ（クレーム・パティシエールにバターを加えたクリーム）
クレーム・ディプロマット（クレーム・パティシエールにクレーム・モンテを加えたクリーム）
クレーム・フランジパーヌ（クレーム・パティシエールにクレーム・ダマンドを加えたクリーム）
クレーム・シブースト（クレーム・パティシエールにムラング・イタリエンヌを加えたクリーム）

どんなクリーム？
牛乳と卵黄を加熱して作る、
もったりとした食感のクリー
ム。バニラ風味が定番。

注意すべきポイント
火の入れ方

製作時間
下準備：15分
加熱：牛乳1ℓにつき3分
冷却：1時間

基本テクニック
ラップでふたをする　P.136
卵黄を白っぽくなるまで泡立てる　P.137

必要な道具
鍋、泡立て器

保存方法
冷蔵で3日間保存できます。

主な用途
シュークリーム、エクレア、ルリジューズ、
ミルフイユに詰めるクリーム

美しく仕上げるコツ
薄力粉やフランプードル（カスタードパウ
ダー）ではなく、コーンスターチを使うこと
でより軽い仕上がりになります。片栗粉は
適切な濃度がつかないので避けましょう。
冷蔵庫で保存しておいた場合、泡立て器
でしっかりとかく拌して乳化させ、もったり
した状態に戻してから使いましょう。

**薄力粉を使うのと、
コーンスターチを使うのとでは、
仕上がりはどう異なるの？**

いずれもクレーム・パティシエールに濃
度をつけるために使われます。どちらを
使っても構いませんが、含まれるデンプ
ンの特性が異なるので（小麦デンプンと
トウモロコシデンプン）、仕上がりに差
が生じます。薄力粉の方が一般的です
が、本書では、より軽やかでなめらかに
仕上げるためにコーンスターチを使います。

**卵黄と砂糖を
白っぽくなるまで
泡立てるのはなぜ？**

あらかじめ卵黄に砂糖を加えて白っぽく
なるまで泡立てておくと、すべての材料
を合わせた時に均一に混ざりやすくなり
ます。また、砂糖は加熱時にタンパク質
を保護してくれるので、加熱前に卵黄の
タンパク質としっかりと混ぜておくことで、
クリームにダマができにくくなります。

**クリームが冷えると
表面に膜ができるのは
なぜ？**

加熱時にタンパク質が凝固したことと
（牛乳を温めた時にできる膜と同じ）、
表面の乾燥が要因です。

材料（800g分）

卵黄：100g（卵5〜6個）
グラニュー糖：120g
コーンスターチ：50g
バニラビーンズ：1本
牛乳：500g
バター：50g

1　ボウルに卵黄とグラニュー糖を入れ、白っぽくなるまで泡立てる。

2　コーンスターチを加えて混ぜる。

3　バニラビーンズのさやを縦2つに割って種をこそぎ取る。牛乳、バニラビーンズの種とさやを鍋に入れ、火にかける。沸騰したらバニラビーンズのさやを取り除き、半量を2に注いで泡立て器で混ぜる。

4　3を牛乳の鍋に戻し、泡立て器でしっかりとかく拌しながら加熱する。とろみがつき、沸騰しはじめたらさらに1分半ほど（牛乳1ℓにつき3分とする）、かく拌しながら加熱しつづける。

5　鍋を火から下ろし、バターを加えて混ぜる。

6　バットに移して平らにならし、ラップでふたをする。冷めてから使用する。使用前に必ず泡立て器でしっかりとかく拌して乳化させる。

MONTÉE

ガナッシュ・モンテ
（泡立てたガナッシュ）

どんなクリーム?
チョコレート風味の、とろりとした食感のクリーム。使用直前に泡立てて空気を含ませる。

注意すべきポイント
ガナッシュが分離しないよう気をつけて泡立てましょう。

基本テクニック
ゼラチンを戻す　P.136
シノワでこす　P.136
ラップでふたをする　P.136

ヴァリエーション
ホワイトチョコレートの代わりにミルクチョコレートを使ってもよいでしょう。

手順
前日：ガナッシュを作る
当日：ガナッシュを泡立てる

製作時間
下準備：15分
加熱：5分
冷蔵：6時間以上（24時間がベスト）

アドバイス
用途に応じてチョコレートの量を変更してもよいでしょう。チョコレートの量を減らす場合、生クリームの半量だけを温めてチョコレートと混ぜ合わせ、残りの生クリームと合わせます。そうすることで製作時間が短縮できます。

必要な道具
スタンドミキサー（ボウル、平面ビーター）
シノワ
泡立て器

泡立てる前にガナッシュを冷やしておくのはなぜ?
生クリームやチョコレートに含まれる乳脂肪分は、乳脂肪球同士が空気の泡を抱え込みながら網目状に結合することで泡立ちます。ところが、しっかり冷やしておかないと、乳脂肪球が壊れて空気を維持できなくなります。ガナッシュは水と乳脂肪に分離してボソボソになり、ゼラチンを加えていてもまとまらなくなります。

材料（350g分）

板ゼラチン：2g
バニラビーンズ：2本
生クリーム：230g
ホワイトチョコレート：150g

1　板ゼラチンを冷水で戻す。

2　バニラビーンズのさやを縦2つに割って種をこそぎ取る。生クリーム、バニラビーンズの種とさやを鍋に入れ、火にかける。

3　沸騰したら火から下ろし、水気を切った1のゼラチンを加えて混ぜる。シノワでこしながらホワイトチョコレートの上に注ぐ。

4　1分待ってから泡立て器でかき混ぜる。ラップでふたをして6時間以上（24時間がベスト）冷蔵庫に入れる。

5　4のガナッシュをスタンドミキサーの低速～中速でふんわりするまで泡立てる。泡立てすぎると分離するので気をつける。

GANACHE
CRÉMEUSE

ガナッシュ・クレムーズ
（クリーミー・ガナッシュ）

どんなクリーム？

クレーム・アングレーズ（カスタードソース）にチョコレートを加えた濃厚なクリーム。

注意すべきポイント

クレーム・アングレーズの加熱温度

保存方法

密封容器に入れて、冷蔵で2日間（ただし急速冷蔵する）、冷凍で3カ月保存できます。

製作時間

下準備：20分
加熱：10分
冷蔵：2時間以上

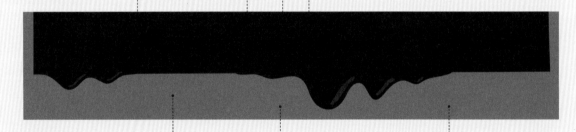

必要な道具

料理用温度計
シノワ
泡立て器
ゴムべら

基本テクニック

シノワでこす　P.136
ラップでふたをする　P.136
卵黄を白っぽくなるまで泡立てる　P.137

美しく仕上げるコツ

より濃厚に仕上げる場合は、牛乳の半量を生クリームに替えます。クレーム・アングレーズは温度計で測りながら作り、83℃で火から下ろします（目安は85℃ですが、火から下ろした後に余熱で85℃以上に達する恐れがあるため）。それ以上温度が高くなってクリームが固まりはじめたら、すぐにシノワでこして、泡立て器でかき混ぜましょう。

クリーミーな食感になるのはなぜ？

クレーム・アングレーズとチョコレートを混ぜて乳化させることで、とろりとした食感になるからです。卵に含まれるタンパク質、牛乳とチョコレートに含まれるレシチンによって乳化が促進され、クリーミーになります。

材料（1.2kg分）

卵黄：120g（卵6〜8個）
グラニュー糖：120g
牛乳：500g
ブラックチョコレート：400g

1　卵黄にグラニュー糖を加えて、白っぽくなるまで泡立てる。

2　牛乳を鍋に入れて火にかける。沸騰して吹きこぼれそうになったら火から下ろし、半量を1に注ぎ、泡立て器で均一になるまでかき混ぜる。

3　2を鍋に戻して中火にかけ、ゴムべらで混ぜながら加熱する。温度が83℃になり、ゴムべらを包み込むようなとろみがついたら火から下ろす。

4　すぐにチョコレートを加え、1分待ってから混ぜ合わせる。泡立て器でかき混ぜ、シノワでこして、ラップでふたをする。

5　冷ましてから冷蔵庫に入れ、2時間以上冷やす。

CRÈME AU
CITRON

クレーム・オ・シトロン
(レモンクリーム)

どんなクリーム?
レモン果汁、砂糖、卵、
バターを合わせて作った
クリーム。

保存方法
ゼラチンを加えることで、
冷蔵で3日間、冷凍で
3カ月保存できます。

製作時間
下準備：30分
加熱：5〜8分
冷蔵：6時間以上

ヴァリエーション
レモン果汁にミント
やレモンバーベナの
葉を加えて香りづけ
をしてもよいでしょう。

必要な道具
搾り器
おろし器
(マイクロプレイン社の
フードグレーターなど)
泡立て器、ミキサー

アドバイス
シリコンモールドなどに
入れて冷凍しておく場合、
戻したゼラチン2gを加熱
の最後に加えましょう。

手順
前日：クリームを作る
当日：使用する

仕上がりがクリーミーになるのはなぜ？
材料(レモン果汁、砂糖、卵)を加熱することで、卵のタンパク質が凝固し、とろみと
コクが生まれます。これにバターを加えることで乳化が起こり、クリーミーな仕上がり
になるのです。

冷凍する場合にゼラチンを加えるのはなぜ？
乳化を維持するためです。ゼラチンの主成分は界面活性作用を持つタンパク質で、
冷凍や解凍時にも乳化を安定させることができます。

材料（600g分）

レモン：5～7個
全卵：200g（4個）
グラニュー糖：160g
バター：100g
板ゼラチン（冷凍する場合）：2g

1　レモン2個の表皮をおろし器ですりおろす。レモンを手のひらで台に押しつけながら転がして柔らかくしてから、搾り器で果汁を140g搾る。

2　ボウルに卵を割り入れ、泡立て器で軽く混ぜる。

3　小鍋に1の果汁とグラニュー糖を入れて火にかける。沸騰したらすぐに火から下ろし、2に少しずつ注ぐ。注ぎながら泡立て器でしっかりと混ぜて、卵に火が通らないよう気をつける。

4　3を鍋に移して火にかけ、泡立て器で混ぜながら加熱する。沸騰が始まったら火から下ろし、バターを加え（冷凍する場合は戻したゼラチンも）、泡立て器で混ぜる。

5　1のレモンの表皮を加え、ミキサーで2～3分かく拌する。冷ましてから冷蔵庫に入れ、6時間以上寝かせる。

CARAMEL

カラメル

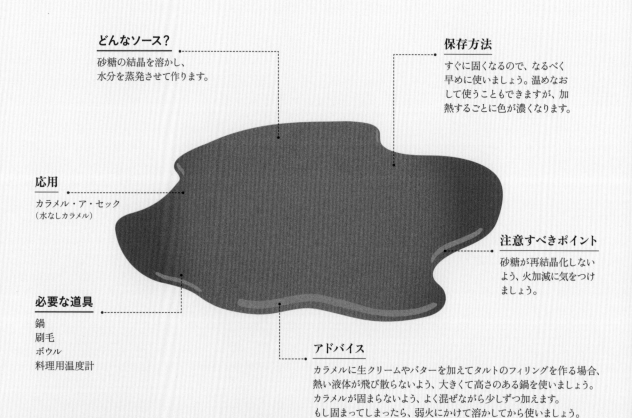

どんなソース?
砂糖の結晶を溶かし、
水分を蒸発させて作ります。

保存方法
すぐに固くなるので、なるべく
早めに使いましょう。温めなお
して使うこともできますが、加
熱するごとに色が濃くなります。

応用
カラメル・ア・セック
(水なしカラメル)

注意すべきポイント
砂糖が再結晶化しない
よう、火加減に気をつけ
ましょう。

必要な道具
鍋
刷毛
ボウル
料理用温度計

アドバイス
カラメルに生クリームやバターを加えてタルトのフィリングを作る場合、
熱い液体が飛び散らないよう、大きくて高さのある鍋を使いましょう。
カラメルが固まらないよう、よく混ぜながら少しずつ加えます。
もし固まってしまったら、弱火にかけて溶かしてから使いましょう。

**ふつうのカラメルと
カラメル・ア・セックは
どう使い分けるの?**

砂糖と水で作るふつうのカラメルは、あ
め細工などのデコレーションやグラサー
ジュに使います。水を使わない濃厚なカ
ラメル・ア・セックは、フレーバー・カラ
メル(P.71のカラメル・パッションなど)、ムー
ス・カラメル(P.91)の材料として使います。

**煮詰める時に
温度を測るのはなぜ?**

砂糖を加熱すると水分が蒸発し、それ
に伴って温度が上昇します。つまり、温
度はシロップの濃度を測る目安になるの
です。

**砂糖を加熱すると
固まりやすいのはなぜ?**

砂糖が再結晶化するためです。加熱の
温度が低すぎたり、鍋肌に飛び散った
シロップが再結晶化して中に落ちたりす
ることが原因です。一度再結晶化すると
もうカラメルにはならないので、くれぐれ
も気をつけましょう。

材料（700g分）

水：125g
グラニュー糖：500g
水あめ：100g

カラメル・ア・セック

グラニュー糖：分量は各レシピ参照

1 鍋をよく洗う。銅鍋は、粗塩と酢を入れて金属たわしでこすって洗う。鍋が入る大きさのボウルに冷水をはって、コンロのそばに置いておく。

2 鍋に水を注ぎ、グラニュー糖をそっと加える。鍋肌に飛び散らないよう気をつける。

3 鍋を火にかけて沸騰させ、水あめを加える。再結晶化の原因になるので、材料を混ぜたり鍋を揺すったりしないこと。鍋肌に飛び散ったシロップは、濡らした刷毛で適宜ぬぐう。165℃になったら火から下ろし、鍋底を冷水をはったボウルにつけて冷ます。

カラメル・ア・セックの作り方

鍋にグラニュー糖を入れ、強めの中火で加熱する。グラニュー糖が溶けて茶色い液体になりはじめたら、すぐに泡立て器でかき混ぜる。

MERINGUE
SUISSE

ムラング・スイス
（スイス・メレンゲ）

どんなメレンゲ？

卵白と砂糖を温めながら泡立てた
メレンゲ。ムラング・フランセーズ
（P.25参照）やムラング・イタリエン
ヌよりもったりした濃厚な仕上がり
になります。

注意すべきポイント

湯煎による加温と泡立てを
同時に行います。

製作時間

下準備：15分

必要な道具

ボウル
鍋
ゴムべら
ハンドミキサー
料理用温度計

**湯煎にかけながら
泡立てるのはなぜ？**

温めながら泡立てること
で、卵白のタンパク質の
組織が伸び広がり、たく
さんの空気を取り込んで
きめ細やかな泡を作り出
します。そのため、他のメ
レンゲよりももったりした
濃厚な仕上がりになるの
です。

応用

オレンジの花風味のメレンゲ：
オレンジフラワーウォーター
15gを加えます。
チョコレート風味のメレンゲ：
メレンゲを焼成した後、溶か
したブラックチョコレートに浸
し、金網にのせて冷まします。

材料（300g分）

卵白：100g（卵3個）
グラニュー糖：100g
粉糖：100g

1　湯煎用のボウルと鍋を準備する（P.134
参照）。ボウルに卵白とグラニュー糖を入れ、
細かく波打つくらいに湯を沸かした鍋にか
ける。ボウルの底は湯に触れないようにす
る。なるべくたくさんの空気を取り込みな
がら、ハンドミキサーで泡立ててふんわり
させる。温度に気をつけながら作業をし、
50℃になったらミキサーを止める。

2　鍋から下ろし、冷めるまで泡立てつづ
ける。もったりしたら、ふるいにかけた粉
糖を加え、ゴムべらで混ぜる。

MERINGUE
ITALIENNE

ムラング・イタリエンヌ
（イタリアン・メレンゲ）

どんなメレンゲ？

熱いシロップを卵白に加えて泡立て
たメレンゲ。ムラング・フランセーズ
（P.25参照）より固めでしっかりした仕
上がりになります。

**シロップを121℃まで
加熱するのはなぜ？**

121℃まで加熱することで、泡立
てた卵白全体にシロップが行き
渡るようになります。熱を加えら
れた卵白は、水分の一部を蒸発
させながら膨らみます。また、シ
ロップのねばりのおかげで泡が
しっかりとまとまります。つまり、
砂糖はそのまま使うよりも加熱し
てから使う方が、安定したメレン
ゲが作れるのです。

製作時間

下準備：30分

必要な道具

スタンドミキサー
（ボウル、ワイヤーホイップ）
料理用温度計
刷毛

**このメレンゲの
特徴は？**

熱いシロップを加えて作るの
で、泡立て中に加熱されます。
そのため、焼き上げたタルト
の上にのせてそのまま食べ
ることができます。タルト生
地と一緒にオーブンに入れ
るとメレンゲだけが焼けす
ぎてしまいがちですが、その
ような失敗をせずに済みます。

手順

シロップを作る⇒卵白を泡立てる
⇒卵白にシロップを加える
⇒冷めるまで泡立てる

材料（400g分）

水：80g
グラニュー糖：250g
卵白：100g（卵3個）

1　きれいに洗った鍋に水を注ぎ、
グラニュー糖をそっと加える。鍋肌に
飛び散らないよう気をつける。

2　鍋を火にかけ、温度に気をつけな
がら加熱してシロップを作る（P.137参
照）。温度計の先端が鍋底や鍋肌に
つかないよう気をつける。

3　シロップが114℃になったら、スタ
ンドミキサーのボウルに卵白を入れ、
最速で泡立てる。

4　シロップが121℃になったら鍋を
火から下ろす。シロップの泡立ちが消
えたら、3のボウルに糸状に垂らして
少しずつ加えながら、冷めるまで泡立
てつづける。

CHANTILLY

シャンティイ
（砂糖を加えて泡立てた生クリーム）

どんなクリーム？
砂糖を加えて作るクレーム・モンテ（P.137参照）。
乳脂肪分30%以上の生クリームを使います。フレーバーをつけることもできます。

製作時間
冷蔵：30分
下準備：15分

必要な道具
スタンドミキサー
（ボウル、ワイヤーホイップ）
またはハンドミキサー

主な用途
焼き菓子のフィリング
お菓子に添える

応用
シャンティイ・プラリネ（プラリネ風味）：プラリネペーストを30g加えます。
シャンティイ・ピスターシュ（ピスタチオ風味）：ピスタチオペーストを10g加えます。
シャンティイ・マスカルポーネ（マスカルポーネチーズ入り）：マスカルポーネチーズを大さじ1杯加えます（ふつうのシャンティイより固くて濃厚なシャンティイになります）。

美しく仕上げるコツ
乳脂肪球の結合を安定させるため、生クリームと道具をあらかじめ冷やしておきます。

手順と保存方法
道具を冷やす⇒生クリームを泡立てる
冷蔵で3日間保存できます。
泡が沈んでも、もう一度泡立てれば元に戻ります。

生クリームを冷やしておくのはなぜ？
生クリームは、中に含まれる乳脂肪球同士が空気を抱え込みながら網目状に結合することで泡立ちます。しっかり冷やしておかないと結合が起こらず、安定したシャンティイにならないのです。

砂糖を加えるタイミングはいつ？
砂糖を加えることで泡が壊れやすくなるので、泡立てる前に加えましょう。液状の生クリームに混ぜるだけでよく溶けます。

泡立てすぎるとどうなるの？
乳化が不安定になってバターができます。壊れた乳脂肪球が集まってくっつき、水と乳脂肪（バター）に分離してしまうのです。

冷たいステンレス製ボウルを使う方がよいのはなぜ？
ステンレスは温度を伝えやすい素材なので、あらかじめ冷やしておけば中に入れる生クリームも冷えます。生クリームを冷やすと乳脂肪球が結合しやすくなり、しっかりしたシャンティイになります。室温が高い場合は、ボウルを氷水につけながら泡立てましょう。

乳脂肪分30%以上の生クリームを使うのはなぜ？
生クリームを泡立てると、中に含まれる乳脂肪球が空気を抱え込みながら網目状に結合します。乳脂肪分が足りないと結合数も減り、取り込まれる空気の量が少なくなるため、安定したシャンティイになりません。

材料（550g分）

生クリーム：500g
粉糖：80g
バニラビーンズ：1本

1　生クリームと道具を冷蔵庫に30分入
れておく。冷やした生クリーム、粉糖、バ
ニラビーンズの種をスタンドミキサーのボ
ウル（またはふつうのステンレス製ボウル）
に入れる。

2　スタンドミキサー（またはハンドミキ
サー）を低速にして、生クリームに粉糖を
混ぜ込む。

3　スタンドミキサー（またはハンドミキ
サー）を最速にして、きめ細かくもったりす
るまで泡立てる。すぐに使わない場合は冷
蔵庫で保存する。

VANILLE

ムース・ヴァニーユ

（バニラ・ムース）

どんなムース？

ゼラチン入りのクレーム・アングレーズ（カスタードソース）にクレーム・モンテ（泡立てた生クリーム）（P.137参照）を合わせたムース。

製作時間

下準備：30分
加熱：10分

必要な道具

料理用温度計
へら、ゴムべら
泡立て器、シノワ
スタンドミキサー
（ボウル、ワイヤーホイップ）
またはハンドミキサー

ヴァリエーション

バニラビーンズの代わりにシナモンスティックやトンカ豆を使っても構いません。紅茶、ミント、レモンバーベナを煎じてクリームに加えてもよいでしょう。

注意すべきポイント

クレーム・アングレーズの加熱温度
クレーム・アングレーズが固まる前に使う

基本テクニック

ゼラチンを戻す　P.136
シノワでこす　P.136
2種類のクリームや生地を混ぜ合わせる　P.136
ラップでふたをする
P.136
生クリームを泡立てる
P.137
卵黄を白っぽくなるまで泡立てる　P.137

手順と保存方法

クレーム・アングレーズを作る⇒ゼラチンを加える⇒クレーム・モンテを作る⇒2つのクリームを合わせる
完成したら固まる前に使いましょう。
冷蔵で3日間保存もできます。

クレーム・アングレーズを85℃以上にしてはいけないのはなぜ？

85℃以上になると、卵黄に含まれるタンパク質が凝固してしまうからです。そうするとクリームにダマができて、ざらついた食感になります。

クレーム・モンテを加えるのはどの時点？

クレーム・アングレーズにゼラチンを入れた後、ゼリー状にならないうちに加えましょう。でないと、クレーム・モンテに含まれる空気の層が、ゼラチンのゲル構造によって維持できなくなります。つまり、クレーム・モンテをクレーム・アングレーズと合わせた後で、全体がゲル化されるようにするのです。

アドバイス

クレーム・アングレーズは温度計で測りながら作り、83℃で火から下ろします（目安は85℃ですが、火から下ろした後に余熱で85℃以上に達する恐れがあるため）。

美しく仕上げるコツ

クレーム・アングレーズが高温になりすぎてクリームが固まりはじめたら、すぐにシノワでこして、泡立て器でかき混ぜましょう。もしでき上がったムースが固まりはじめたら、泡立て器で軽くかき混ぜて柔らかくし、すぐに使いましょう。

材料（500g分）

ゼラチン入りクレーム・アングレーズ用
板ゼラチン：6g
バニラビーンズ：2本
生クリーム：220g
卵黄：75g（卵4〜5個）
グラニュー糖：35g

クレーム・モンテ用
生クリーム：220g

1　ゼラチン入りクレーム・アングレーズを作る。板ゼラチンを冷水で戻す。バニラビーンズのさやを縦2つに割って種をこそぎ取る。生クリーム、バニラビーンズの種とさやを鍋に入れて火にかける。卵黄にグラニュー糖を加えて白っぽくなるまで泡立てる。

2　1の生クリームが沸騰したら、半量を1の泡立てた卵黄に注いで泡立て器で混ぜ、均一になったら鍋に戻す。へらで混ぜながら中火で加熱する。温度が83℃になり、へらを包み込むようなとろみがついたら火から下ろす。

3　ゼラチンの水気を切って2に加え、泡立て器で混ぜる。シノワでこし、ラップでふたをし、室温で35〜40℃に冷ます。冷やしすぎてゼリー状にならないよう気をつける。

4　クレーム・モンテを作る。シャンティイと同じ要領で生クリームを泡立てる（P.42、137参照）。1/3を3のゼラチン入りクレーム・アングレーズに加えて、泡立て器でしっかりと混ぜる。均一になったら残りも加えて、ゴムべらでそっと合わせる。

5　均一なムースに仕上がったら、固まる前にすぐに使う。

NOIR BRILLANT

グラサージュ・ノワール・ブリヤン
（ココアパウダーの上がけ）

どんなグラサージュ?

タルト、ケーキ、アントルメの
コーティングに使われる、黒く
てつやつやしたグラサージュ。

基本テクニック

ゼラチンを戻す　　P.136
シノワでこす　　P.136
ラップでふたをする　　P.136

製作時間

下準備：15分
加熱：2分
寝かせ：1時間半〜2時間
（室温で35〜40℃に冷ます）

手順と保存方法

ケーキを製作する当日に
グラサージュも作ります。
密封容器に入れて、冷蔵
で1週間、冷凍で3週間
保存できます。

必要な道具

ハンドブレンダー
シノワ
泡立て器

アドバイス

タルトの表面にたっぷり
かけることができるよう、
指定の分量より多めに
作っておきましょう。

注意すべきポイント

ハンドブレンダーでかく拌する時に
空気を入れないようにします。

**グラサージュはタルトに塗った後で
どうなるの?**

ゼラチンが入っているので、冷やすとグラ
サージュは固まります。完全に固めるには
10℃まで冷やします。

**グラサージュを
シノワでこすのはなぜ?**

なめらかで光沢のある仕上がりに
するためです。

材料（750g分）

板ゼラチン：14g
水：180g
生クリーム：150g
グラニュー糖：330g
ココアパウダー：120g

1　板ゼラチンを冷水で戻す。

2　鍋に水を入れて火にかけ、生ク
リーム、グラニュー糖を加えて沸騰さ
せる。火から下ろして、水気を切った
1のゼラチン、ココアパウダーを加えて、
泡立て器で混ぜる。

3　ハンドブレンダーでかく拌する。
なるべく空気を入れないよう、ガラス
製計量カップなど口が狭い容器を使
う（ボウルは不可）。まず、ブレンダー
の先端をそっと沈めて軽く動かし、
中に入り込んだ空気の泡を外に出す。
それからブレンダーのスイッチを入れ
て、動かさずに30秒〜1分ほどかく
拌する。

4　シノワでこす。ラップでふたをし、
室温で35〜40℃に冷ましてから使う。

GLAÇAGE
CHOCO LAIT

グラサージュ・ショコ・レ
（ミルクチョコレートの上がけ）

どんなグラサージュ？
ミルクチョコレートで作った
きめ細かいグラサージュ。

基本テクニック
シノワでこす　P.136
チョコレートを湯煎で溶かす　P.138

製作時間
15分

アドバイス
トリモリンの代わりにアカ
シアのハチミツを使うこと
もできます。

必要な道具
泡立て器
シノワ

主な用途
アントルメやタルトのコーティング

保存方法
冷蔵で1週間、冷凍で3カ月
保存できます。

トリモリン（転化糖）を使うのはなぜ？

トリモリンは甘味料の一種で、ブドウ糖と果糖の混合物です。保水性が高いので、
グラサージュのパサつきを防ぎ、しっとりした仕上がりになります。ハチミツも天然
の転化糖で保水性があるので、香りに癖のないものなら代用可能です。

材料（550g分）

ブラックチョコレート：90g
ミルクチョコレート：250g
生クリーム：225g、トリモリン：40g

1　ブラックチョコレートとミルクチョ
コレートを湯煎で溶かす。

2　生クリームとトリモリンを鍋に入れ
て火にかけ、泡立て器で混ぜながら
加熱する。

3　沸騰したら火を止めて、1のチョ
コレートを注いで泡立て器で混ぜる。
シノワでこす。ラップでふたをし、室
温で35〜40℃に冷ましてから使う。

CHAPITRE 2

LES TARTES

第 2 章
タルトのレシピ

VERVEINE
FRAISES

ヴェルヴェーヌ・フレーズ
（イチゴとレモンバーベナのタルト）

イチゴ

クレーム・ダマンド
（アーモンドクリーム）

レモンバーベナの葉

**クレーム・パティシエール・
ア・ラ・ヴェルヴェーヌ**
（レモンバーベナ風味の
カスタードクリーム）

パート・サブレ
（サブレ生地）

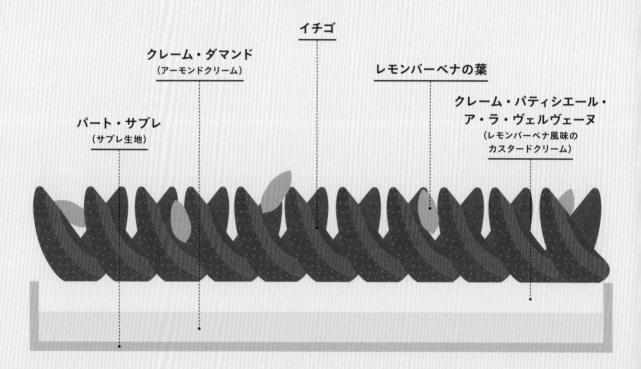

どんなタルト？
パート・サブレの土台にアーモンドク
リームを詰めて焼き、レモンバーベナ風
味のカスタードクリームを絞り、上にイチ
ゴをのせます。

製作時間
下準備：1時間半
焼成・加熱：40～45分
寝かせ：6時間以上（24時間がベスト）

必要な道具
直径24cmのタルト用セルクル型
8mmの丸口金と絞り袋
スタンドミキサー
（ボウル、平面ビーター）

ヴァリエーション
クレーム・パティシエールには、レモン
バーベナの代わりに、バニラビーンズ1
本、またはミント1/4束を使ってもよい
でしょう。

基本テクニック
生地やクリームを絞る　P.138

注意すべきポイント
クレーム・パティシエールの加熱温度
タルトの焼き加減

アドバイス
イチゴの美しさを保つために、刷毛で表
面にナパージュを塗るとよいでしょう。

手順
前日：パート・サブレを作る ⇒ クレーム・
ダマンドを作る ⇒ クレーム・パティシエー
ルを作る
当日：組み立て ⇒ 焼成 ⇒ デコレーション

材料（6〜8人分）

1 パート・サブレ

バター：70g
薄力粉：200g
塩：1g
粉糖：70g
全卵：60g（大1個）

2 クレーム・ダマンド

バター：50g
グラニュー糖：50g
全卵：50g（1個）
アーモンドパウダー：50g
薄力粉：10g

3 クレーム・パティシエール・ア・ラ・ヴェルヴェーヌ

卵黄：40g（2〜3個）
グラニュー糖：50g
コーンスターチ：20g
牛乳：200g
レモンバーベナの葉：1/4束
バター：20g

4 デコレーション

イチゴ：1kg
レモンバーベナの葉：数枚

1　パート・サブレを作る（P.10参照）。
クレーム・ダマンドを作る（P.28参照）。

2　クレーム・パティシエールを作る（P.30
参照）。牛乳を加熱する時にバニラビーンズ
ではなくレモンバーベナの葉を加えること。

3　オーブンを170℃に温めておく。型に
パート・サブレを敷き込み（P.14参照）、20
分空焼きする。オーブンから取り出し、型
からはずして室温で冷ます（オーブンは点
けたままにしておく）。口金をつけた絞り袋
にクレーム・ダマンドを入れ、パート・サブ
レの土台の半分の高さまで詰める。再び
オーブンに入れて15〜20分焼く。パート・
サブレが色づいたら取り出し（P.14参照）、
室温で冷ます。

4　クレーム・パティシエールを泡立て
器でしっかりとかく拌してなめらかにする。
口金をつけた絞り袋に入れて、3の上に渦
巻き状に絞る。

5　イチゴのへたを取り、縦半分にカット
して、4の上にバラの花をイメージして並
べる。レモンバーベナの葉を散らす。

PISTACHE
ABRICOTS

ピスターシュ・アブリコ
（アプリコットとピスタチオのタルト）

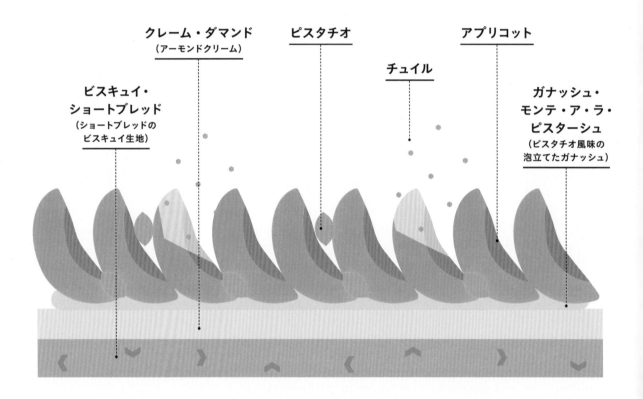

クレーム・ダマンド
（アーモンドクリーム）

ピスタチオ

アプリコット

チュイル

ビスキュイ・
ショートブレッド
（ショートブレッドの
ビスキュイ生地）

ガナッシュ・
モンテ・ア・ラ・
ピスターシュ
（ピスタチオ風味の
泡立てたガナッシュ）

どんなタルト？

ピーカンナッツが入ったビスキュイ・ショートブレッドの土台に、アーモンドクリームを詰めて、ピスタチオ風味の泡立てたガナッシュを絞り、フレッシュなアプリコットをのせて、チュイルを飾ります。

製作時間

下準備：2時間
焼成・加熱：40～50分
冷蔵：6時間以上（24時間がベスト）
寝かせ：2時間以上

必要な道具

一辺24cmの角セルクル型（カードル）
10mmの丸口金と絞り袋
スタンドミキサー（ボウル、
平面ビーター、ワイヤーホイップ）

ヴァリエーション

アプリコットの代わりにミックスベリーを使ってもよいでしょう。

注意すべきポイント

チュイルの焼き加減

基本テクニック

バターをポマード状にする　P.137

アドバイス

チュイルは密封容器で保存できます。湿気で柔らかくなったら180℃のオーブンで2～3分温めてパリッとさせましょう。

手順

前日：ガナッシュを作る⇒ビスキュイ・ショートブレッドを作る⇒クレーム・ダマンドを作る
当日：ビスキュイの焼成⇒ガナッシュ・モンテ・ア・ラ・ピスターシュを作る⇒組み立て⇒チュイルの焼成

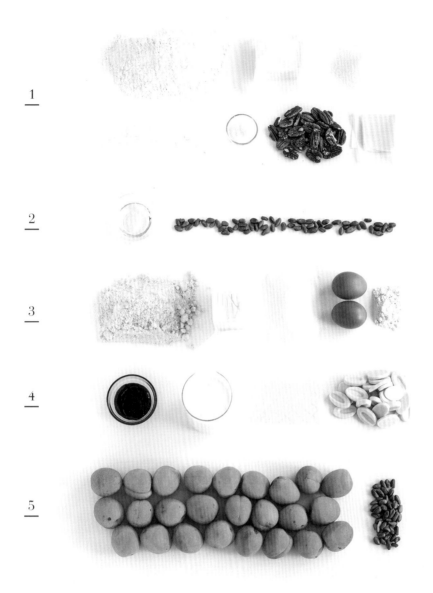

1	
2	
3	
4	
5	

材料（8〜10人分）

1 ビスキュイ・ショートブレッド

ピーカンナッツ：35g
バター：130g
グラニュー糖：65g
薄力粉：175g
片栗粉：30g
塩：2g
型に塗るためのバター：30g

2 チュイル

水あめ：50g
ピスタチオ：20g

3 クレーム・ダマンド

バター：100g
グラニュー糖：100g
全卵：100g（2個）
アーモンドパウダー：100g
薄力粉：10g

4 ガナッシュ・モンテ・ア・ラ・ピスターシュ

板ゼラチン：2g
生クリーム：300g
ホワイトチョコレート：100g
ピスタチオペースト：30g

5 デコレーション

アプリコット：1kg
ピスタチオ：20g

1　ガナッシュ・モンテ・ア・ラ・ピスターシュ用のガナッシュを作る（P.32参照）。最後にピスタチオペーストを混ぜ合わせること。冷蔵庫に入れて6時間以上冷やす。

2　ビスキュイ・ショートブレッドを作り（P.22参照）、型に敷いて冷蔵庫で2時間以上寝かせる。オーブンを160℃に温めておく。クレーム・ダマンドを作る（P.28参照）。ビスキュイを15分空焼きし、室温で冷ます（オーブンは点けておく）。

3　口金をつけた絞り袋にクレーム・ダマンドを入れて、ビスキュイの上に10mmほどの厚さになるように詰める。オーブンに20〜30分入れて、型からはずして冷ます。

4　1のガナッシュを泡立てて、ガナッシュ・モンテを作る（P.32参照）。

5　口金をつけた絞り袋に4を入れ、3の上に棒状に絞る。

6　アプリコットを2分割して種を取り、均等になるよう4つに切り分け、5の上にのせる。

7　チュイルを作る。オーブンを160℃に温めておく。水あめを電子レンジに15秒入れて柔らかくし、オーブンシートの上に注ぐ。上から別のシートをのせて挟み、麺棒で伸ばす。上のシートをはがして天板にのせ、ピスタチオを砕いて上に散らす。オーブンに入れて約5分焼く。室温で冷まし、固まったら適当な大きさに割る。食べる直前にチュイルを飾り、ピスタチオを上から散らす。

AGRUMES

アグリュム
（柑橘のタルト）

クレーム・ダマンド
（アーモンドクリーム）

柑橘の果肉のパレ
（円盤状の飾り）

パート・サブレ
（サブレ生地）

クレーム・ア・ロランジュ
（オレンジクリーム）

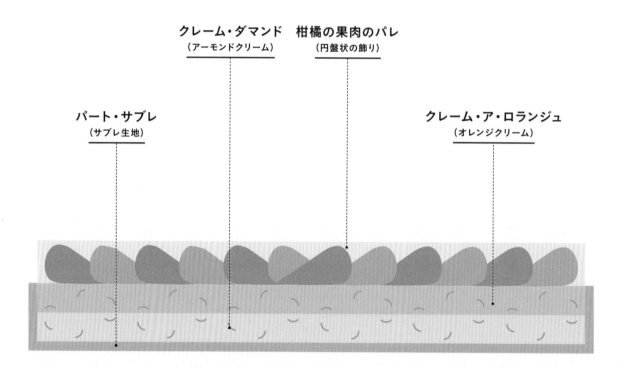

どんなタルト?

パート・サブレの土台に、オレンジの
表皮入りのアーモンドクリームを詰めて、
オレンジクリームを絞り、柑橘の果肉の
パレをのせます。

製作時間

下準備：2時間
焼成・加熱：30〜45分
冷凍・冷蔵：6時間以上
寝かせ：6時間以上（24時間がベスト）

必要な道具

直径24cmのタルト用セルクル型
直径22cmのアントルメ用セルクル型
ラップ
8mmの丸口金と絞り袋
ガストーチバーナー

ヴァリエーション

柑橘の代わりにミックスベリーを使って
もよいでしょう。

基本テクニック

フルーツをカットする　P.133
ゼラチンを戻す　P.136
シロップを作る　P.137

注意すべきポイント

クリームの焼き加減

手順

前日：パート・サブレを作る⇒クレー
ム・ダマンドを作る⇒クレーム・ア・ロ
ランジュを作る⇒柑橘の果肉のパレを
作る
当日：敷き込みと焼成⇒デコレーショ
ン

材料（8〜10人分）

1 パート・サブレ

バター：70g
薄力粉：200g
塩：1g
粉糖：70g
全卵：60g（大1個）

2 クレーム・ダマンド

バター：50g
グラニュー糖：50g
全卵：50g（1個）
アーモンドパウダー：50g
薄力粉：10g
オレンジの表皮：1個分

3 クレーム・ア・ロランジュ

オレンジ果汁：100g（およそ2個）
全卵：100g（2個）
グラニュー糖：30g
バター：40g
板ゼラチン：2g
オレンジの表皮：2個分

4 柑橘の果肉のパレ

板ゼラチン：6g
水：120g
グラニュー糖：180g
ピンクグレープフルーツ：1個
オレンジ：2〜3個
ポメロ（ブンタン、ハッサク、晩柑など）：1個
ミカン：3個

1 パート・サブレを作る（P.10参照）。ク
レーム・ダマンドを作り（P.28参照）、最後
におろしたオレンジの表皮を加える。クレー
ム・オ・シトロンと同じ要領で、レモン果汁
の代わりにオレンジ果汁を使い、クレーム・
ア・ロランジュを作る（P.36参照）。バター
と同時にゼラチンと表皮を加える。

2 柑橘の果肉のパレのためのシロップ
を作る（P.137参照）。板ゼラチンを冷水で戻
す。水とグラニュー糖を鍋に入れて火にか
け、沸騰したら火から下ろし、水気を切っ
たゼラチンを加える。室温で冷ます。

3 4種類の柑橘をカットする（P.133参照）。
果肉をザルにあけて水分を切る。

4 アントルメ用セルクル型の底にラップ
を張る。2のシロップの半量を注ぎ、3の
柑橘の果肉を並べ、残りのシロップを注ぐ。
冷凍庫に2時間以上入れる。

5 オーブンを170℃に温めておく。1の
パート・サブレを伸ばしてタルト用セルク
ル型に敷き込み、表面をフォークの先でピ
ケする（P.14参照）。オーブンで15分空焼
きし、型からはずして室温で冷ます。口金
をつけた絞り袋に1のクレーム・ダマンド
を入れて土台に敷き詰め、オーブンで15
〜20分焼く。

6 1のクレーム・ア・ロランジュをミキ
サーでかく拌し、5の上に置いて均等に伸
ばす。

7 4のパレのラップをはずし、バーナー
で軽くあぶって型をはずす。6の上にのせ
て、パレが解凍されるまで冷蔵庫に4時間
以上入れる。

CHOCOLAT
MOKA

ショコラ・モカ
（チョコレートとモカのタルト）

ガナッシュ・モンテ・
オ・モカ
（コーヒー風味の泡立てた
ガナッシュ）

シャブロン
（チョコレート・コーティング）

グラサージュ・
ノワール・ブリヤン
（ココアパウダーの上がけ）

パート・シュクレ・
オ・ショコラ
（チョコレートのシュクレ生地）

ガナッシュ・クレムーズ
（クリーミー・ガナッシュ）

どんなタルト？

パート・シュクレの上にブラックチョコレートを薄く塗り、クリーミー・ガナッシュを詰めて、グラサージュで上がけをし、コーヒー風味の泡立てたガナッシュをのせます。

製作時間

下準備：2時間
焼成・加熱：30～45分
冷凍：1時間
寝かせ・冷蔵：6時間以上
（24時間がベスト）

必要な道具

直径24cmのタルト用セルクル型
10mmの丸口金、サントノーレ口金、絞り袋

ヴァリエーション

ガナッシュ・モンテには、粉末コーヒーの代わりにバニラビーンズ2本分の種を加えてもよいでしょう。

アドバイス

パート・シュクレの焼成時、指で軽く押して焼き加減を確かめましょう。弾力は出てきたけどまだ柔らかいくらいでオーブンから取り出します。後で冷やすとほどよく固くなります。

基本テクニック

チョコレートを湯煎で溶かす　P.138
シャブロネする　P.138
生地やクリームを絞る　P.138

注意すべきポイント

グラサージュ

手順

前日：パート・シュクレ・オ・ショコラを作る⇒ガナッシュ・モンテ・オ・モカのガナッシュを作る⇒ガナッシュ・クレムーズを作る
当日：焼成⇒シャブロネする⇒グラサージュを作る⇒組み立て⇒ガナッシュ・モンテを作る⇒デコレーション

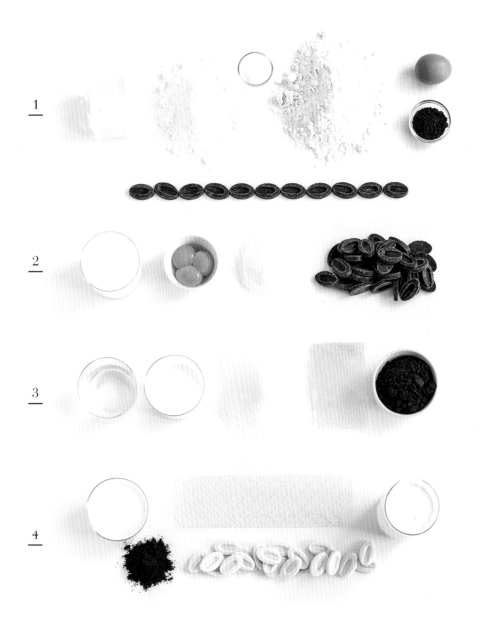

材料（8〜10人分）

1 パート・シュクレ・オ・ショコラ

バター：115g
粉糖：70g
全卵：45g（小1個）
塩：1つまみ
薄力粉：200g
ココアパウダー：10g
シャブロン（コーティング）
ブラックチョコレート：40g

2 ガナッシュ・クレムーズ

卵黄：50g（卵3個）
グラニュー糖：50g
牛乳：250g
ブラックチョコレート
（カカオ含有量60〜70%）：150g

3 グラサージュ・ノワール・ブリヤン

板ゼラチン：6g
水：90g
生クリーム：75g
グラニュー糖：165g
ココアパウダー：60g

4 ガナッシュ・モンテ・オ・モカ

板ゼラチン：4g
生クリーム：400g
粉末レギュラーコーヒー：5g
ホワイトチョコレート：80g

1　パート・シュクレと同じ要領で、パート・シュクレ・オ・ショコラを作る（P.12参照）。

2　ガナッシュ・モンテ・オ・モカのガナッシュを作る（P.32参照）。生クリーム100gと粉末レギュラーコーヒーを鍋に入れて熱し、火から下ろしてゼラチンを加え、ホワイトチョコレートに注いで混ぜる。残りの生クリーム300gと合わせ、冷蔵庫でしっかり冷やす。

3　ガナッシュ・クレムーズを作る（P.34参照）。

4　オーブンを150℃に温めておく。1の生地をセルクル型に敷き込み、表面をフォークの先でピケする。オーブンに入れて12〜15分空焼きする（P.14参照）。室温で冷まし、全体にシャブロネする。

5　グラサージュ・ノワール・ブリヤンを作り（P.46参照）、35〜40℃に冷ます。

6　丸口金をつけた絞り袋に3を入れ、4の土台の上に、タルト台の縁から2mm下のラインまで渦巻き状に絞る（グラサージュの分を残しておく）。冷凍庫に1時間入れる。

7　6の中央に5のグラサージュを注ぎ、傾けながら回転させて全体に行き渡らせる。

8　2のガナッシュを泡立ててガナッシュ・モンテ・オ・モカを作る（P.32参照）。サントノーレ口金をつけた絞り袋に入れ、タルトの上に絞る。

MOJITO

モヒート
（モヒートのタルト）

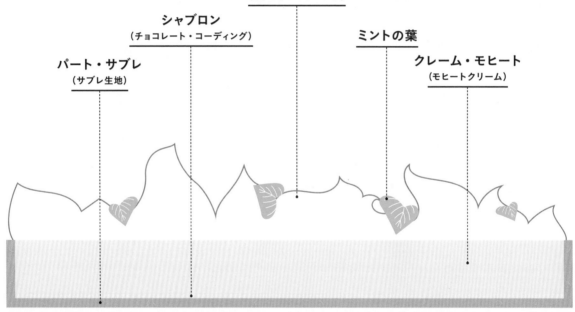

ムラング・イタリエンヌ
（イタリアン・メレンゲ）

シャブロン
（チョコレート・コーディング）

ミントの葉

パート・サブレ
（サブレ生地）

クレーム・モヒート
（モヒートクリーム）

どんなタルト？

パート・サブレの土台にミントとライムのクリームを詰めて、イタリアン・メレンゲをのせます。

製作時間

下準備：2時間
焼成・加熱：30〜45分
寝かせ：6時間以上（24時間がベスト）

必要な道具

直径24cmのタルト用セルクル型
10mmの丸口金と絞り袋
スタンドミキサー（ボウル、平面ビーター、ワイヤーホイップ）
シノワ
ガストーチバーナー
L字型パレットナイフ
茶こし

ヴァリエーション

ライムとミントの代わりにレモンを使ってもよいでしょう。

基本テクニック

チョコレートを湯煎で溶かす　P.138
シャブロネする　P.138
生地やクリームを絞る　P.138

手順

前日：パート・サブレを作る⇒クレーム・モヒートを作る
当日：パート・サブレの焼成⇒フィリングを詰める⇒ムラング・イタリエンヌを作る⇒デコレーション

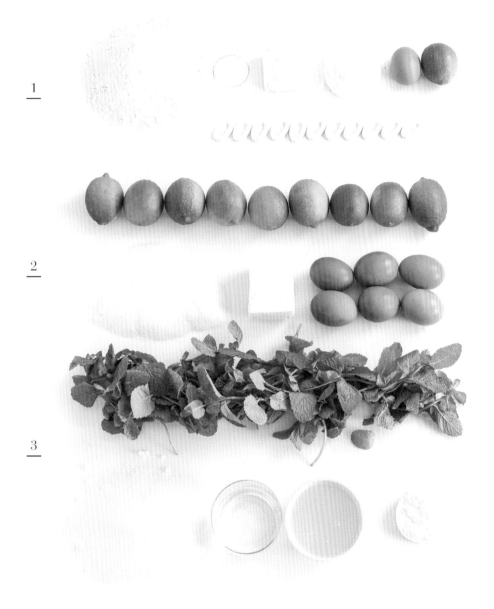

材料（6〜8人分）

1 パート・サブレ

バター：70g
薄力粉：200g
ライムの表皮：1個分
塩：1g
粉糖：70g
全卵：60g（大1個）
シャブロン（コーティング）
ホワイトチョコレート：40g

2 クレーム・モヒート

ミントの葉：1束
ライム果汁：210g（ライム6〜9個）
全卵：300g（6個）
グラニュー糖：240g
バター：150g

3 ムラング・イタリエンヌ

水：80g
グラニュー糖：250g
卵白：100g（卵3個）
粉糖：30g

1 おろしたライムの表皮を薄力粉に混ぜ、パート・サブレを作る（P.10参照）。クレーム・モヒートを作る。ミントの葉、ライム果汁、グラニュー糖を鍋に入れて加熱し、沸騰させる。ライムの表皮とミントの葉はデコレーション用に少しずつ残しておく。

2 1をシノワでこし、クレーム・オ・シトロンと同じ要領でクレーム・モヒートを作る（P.36参照）。

3 オーブンを170℃に温めておく。1のパート・サブレをセルクル型に敷き込み、表面をフォークの先でピケして、25〜30分オーブンに入れる（P.14参照）。室温で冷ましてシャブロネする。

4 シャブロンが固まったら、口金をつけた絞り袋に2のクレームを入れてたっぷりと土台に詰める。L字型パレットナイフで均等にならし、冷蔵庫に入れておく。

5 ムラング・イタリエンヌを作る（P.41参照）。4のタルトの上にL字型パレットナイフで均等にのせる。

6 粉糖を茶こしで振りかけ、ガストーチバーナーで軽く色づける。1で残しておいたミントの葉とおろしたライムの表皮を散らす。

68

TATIN CARAMEL
PASSION

タタン・カラメル・パッション
（パッションフルーツフレーバーのタルト・タタン）

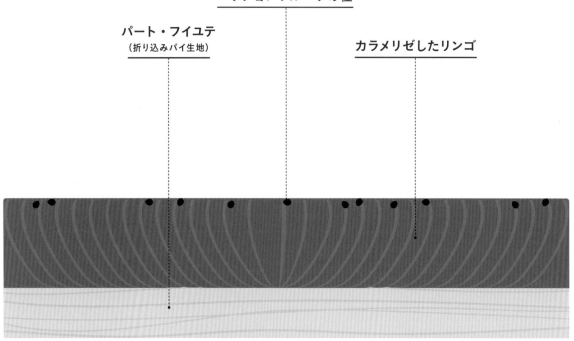

パッションフルーツの種

パート・フイユテ
（折り込みパイ生地）

カラメリゼしたリンゴ

どんなタルト？

パッションフルーツフレーバーの塩バターカラメルの上にリンゴをのせて焼き、円形にカットしたパート・フイユテをのせてさらに焼きます。ひっくり返して供します。

製作時間

下準備：3時間
焼成：2時間
寝かせ：2〜3日

必要な道具

直径20cmのケーキ型

ヴァリエーション

パッションフルーツを使わず、カラメルにバニラビーンズを加えるだけでもよいでしょう。

アドバイス

完成したタルト・タタンは型に入れたまま一晩室温で寝かせます（夏期は注意する）。食べる直前に皿の上にひっくり返し、ガストーチバーナーで軽くあぶって型をはずしましょう。あるいは、型に入れたまま200℃のオーブンに10分ほど入れてもよいでしょう。生温かい状態でいただきます。

基本テクニック

生地を3つ折り（トゥール・サンプル）にする　P.18
フルーツをカットする　P.133

注意すべきポイント

カラメルを再結晶化させないよう気をつけて作りましょう（P.38参照）。

手順

3日前：パート・フイユテのデトランプを作る⇒バターを折り込む⇒3つ折りを2回行う
2日前：3つ折りを2回行う
前日：3つ折りを1回行う⇒カラメル・パッションを作る⇒リンゴをカラメリゼする⇒組み立て⇒焼成
当日：タルトの型をはずす

材料（6〜8人分）

<u>1 パート・フイユテ</u>

薄力粉：125g
強力粉：125g
水：120g
酢（白ワインビネガー）：10g
塩：5g
溶かしバター：30g
バター（折り込み用）：150g

<u>2 カラメル・パッション</u>
（パッションフルーツフレーバーのカラメル）

パッションフルーツ：2個
グラニュー糖：200g
バター：50g
フルール・ド・セル：1つまみ
エクストラバージンオリーブオイル：50g

<u>3 フィリング</u>

リンゴ（ピンクレディ、紅玉など）：8個

1 　パート・フイユテを作る（P.16参照）。

2 　カラメル・パッションを作る。パッションフルーツを2分割し、スプーンで果肉と種をくり抜く。薄皮は取り除く。

3 　カラメル・ア・セックを作る（P.39参照）。薄茶色になったら火から下ろし、2の果肉と種を加える。弱火にかけてよく混ぜ、再び火から下ろし、3回に分けてバターを加える。フルール・ド・セルを加え、型に流して10分待つ。上からオリーブオイル25gを混ぜずに振りかける。

4 　オーブンを160℃に温めておく。リンゴをカットして厚さ1〜2mmにスライスする（P.133参照）。3のカラメル・パッションの上にリンゴを並べる。丸い方を上側にして、型の外側から内側へ向かって隙間なくきっちりと並べること。端の方の小さなリンゴは、隙間を埋めるように上に並べる。残りのオリーブオイル25gを上から振りかけ、オーブンに45分〜1時間入れる。

5 　リンゴが軽くカラメリゼされた状態でオーブンから取り出す（オーブンは点けたままにしておく）。リンゴの上にオーブンシートをのせ、型よりやや小さい皿をのせて上から軽く押す。

6 　1のパート・フイユテを麺棒で伸ばし（P.18参照）、型と同じ大きさにカットする。表面をフォークの先でピケし、5のリンゴの上にのせる。オーブンに30〜45分入れる。パートが黄金色になったら取り出す。

7 　室温で冷まし、皿の上にひっくり返して型をはずす。

CHOCO LAIT

ショコ・レ
（ミルクチョコレートのタルト）

クランブル・ショコラ
（チョコレート風味のクランブル生地）

パート・シュクレ・
ア・ラ・ノワゼット
（ヘーゼルナッツ風味のシュクレ生地）

ムース・オ・ショコ・レ
（ミルクチョコレート・ムース）

すりおろした
ミルクチョコレート

グラサージュ・ショコ・レ
（ミルクチョコレートの上がけ）

どんなタルト？

ヘーゼルナッツ風味のパート・シュクレの土台に、チョコレート風味のクランブル生地をのせ、ミルクチョコレートで上がけしたミルクチョコレート・ムースをのせます。

製作時間

下準備：2時間半
焼成・加熱：1時間
冷凍：7時間半
冷蔵：6時間半
寝かせ：6時間以上
（24時間がベスト）

必要な道具

直径22cmのアントルメ用セルクル型　2個
直径24cmのアントルメ用セルクル型
ガストーチバーナー
L字型パレットナイフ
おろし器（マイクロプレイン社のフードグレーターなど）

ヴァリエーション

クランブル生地で使うブラックチョコレートをミルクチョコレートに替えてもよいでしょう。

アドバイス

ムースをなめらかに仕上げるために、クレーム・アングレーズが45℃くらいの時にクレーム・モンテを加えましょう。

基本テクニック

チョコレートを湯煎で溶かす　P.138

注意すべきポイント

ムースに均等にグラサージュをかけましょう。

手順

2日前：円盤状のムース・オ・ショコ・レを作る⇒パート・シュクレ・ア・ラ・ノワゼットを作る
前日：パート・シュクレの焼成⇒グラサージュ・ショコ・レを作る⇒クランブル・ショコラを作る⇒ムースにグラサージュをかける⇒組み立て
当日：デコレーション

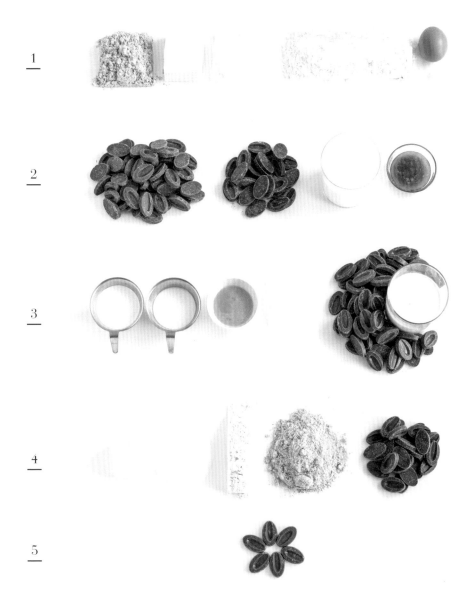

材料（6〜8人分）

1 パート・シュクレ・ア・ラ・ノワゼット

バター：115g
粉糖：70g
全卵：50g（1個）
塩：1つまみ
薄力粉：165g
ヘーゼルナッツパウダー：50g

2 グラサージュ・ショコ・レ

ブラックチョコレート：90g
ミルクチョコレート：250g
生クリーム：225g
トリモリン（またはハチミツ）：40g

3 ムース・オ・ショコ・レ

クレーム・アングレーズ用
生クリーム：60g
牛乳：60g
卵黄：30g（卵2個）
グラニュー糖：15g
ミルクチョコレート：275g

クレーム・モンテ用
生クリーム：230g

4 クランブル・ショコラ

ヘーゼルナッツパウダー：50g
グラニュー糖：50g
薄力粉：50g
バター：50g
ブラックチョコレート：100g

5 デコレーション

ミルクチョコレート：20g

1 ムース・オ・ショコ・レを、ムース・ヴァ
ニーユと同じ要領で作る（P.44参照）。ただ
し、生クリームの代わりに牛乳と生クリーム
を使うこと。ゼラチンとバニラビーンズ
は使用しない。ミルクチョコレートは湯煎
で溶かしておき、クレーム・アングレーズ
を火から下ろす直前に加える。

2 直径22cmのセルクル型の底にラッ
プを張って1を注ぎ、冷凍庫に6時間以
上入れる。

3 パート・シュクレと同じ要領で、パート・
シュクレ・ア・ラ・ノワゼットを作る（P.12参
照）。

4 パート・シュクレを伸ばす（P.14参照）。
直径24cmのセルクル型に沿って円形に
カットし、冷凍庫に1時間入れる。オーブ
ンを160℃に温めておく。パート・シュク
レを20〜30分オーブンに入れ、薄く色づ
くまで焼く。

5 グラサージュ・ショコ・レを作る（P.47
参照）。35〜40℃になるまで冷ます。

6 クランブル・ショコラを作る（P.26参照）。
アーモンドパウダーの代わりにヘーゼルナッ
ツパウダーを使うこと。

7 4のパート・シュクレの真ん中に直径
22cmのセルクル型を置き、中にクランブ
ル・ショコラを入れて厚さを整える。冷蔵
庫に20〜30分入れる。

8 2のラップをはずし、バーナーで軽く
あぶって型をはずす。5のグラサージュを、
側面がきれいになるよう外側からムースに
かける。表面をL字型パレットナイフで手
早く均等にならし、冷凍庫に15分入れる。

9 7の土台のクランブルの上に8のムー
スをのせて、解凍されるまで冷蔵庫に6
時間以上入れる。ミルクチョコレートをす
り下ろし、タルトの表面をデコレーション
する。

PRALINÉ
NOISETTES

プラリネ・ノワゼット
（ヘーゼルナッツとプラリネのタルト）

ムース・オ・プラリネ
（プラリネ・ムース）

パート・シュクレ
（シュクレ生地）

ビスキュイ・オ・ノワゼット
（ヘーゼルナッツ風味のビスキュイ生地）

エクラ・ド・ノワゼット・
カラメリゼ
（カラメリゼした刻みヘーゼルナッツ）

どんなタルト？

カラメリゼした刻みヘーゼルナッツ入りのパート・シュクレの上に、プラリネ・ムースとヘーゼルナッツ風味のビスキュイ生地を重ねます。

製作時間

下準備：2時間
焼成・加熱：45分〜1時間
冷凍：6時間以上（24時間がベスト）
寝かせ：6時間以上（24時間がベスト）

必要な道具

直径22cmのアントルメ用セルクル型
直径24cmのタルト用セルクル型
10mmの丸口金と絞り袋
料理用温度計、カード

アドバイス

ビスキュイとムースからセルクル型をきれいにはずすには、型の外側をバーナーで軽くあぶって温め、型とビスキュイの間にナイフの刃を入れるとよいでしょう。

注意すべきポイント

ヘーゼルナッツをカリッとカラメリゼする。

基本テクニック

ナッツをローストする　P.132
カードを使いこなす　P.136
シロップを作る　P.137
生地やクリームを絞る　P.138

手順

2日前：エクラ・ド・ノワゼット・カラメリゼを作る⇒エクラ・ド・ノワゼット・カラメリゼ入りパート・シュクレを作る
前日：ビスキュイ・オ・ノワゼットを作る⇒ムース・オ・プラリネを作る
当日：パート・シュクレの焼成⇒組み立て

材料（6〜8人分）

1 パート・シュクレ

バター：115g
粉糖：70g
全卵：45g（小1個）
塩：1つまみ
薄力粉：200g

2 エクラ・ド・ノワゼット・カラメリゼ

刻みヘーゼルナッツ：100g
水：35g
グラニュー糖：100g

3 ビスキュイ・オ・ノワゼット

全卵：45g（小1個）
卵黄：25g（卵1〜2個）
粉糖：50g
ヘーゼルナッツパウダー：50g
薄力粉：45g
ムラング・フランセーズ用
卵白：75g（卵2〜3個）
グラニュー糖：35g

4 ムース・オ・プラリネ

板ゼラチン：4g
生クリーム：180g
卵黄：60g（卵3〜4個）
グラニュー糖：25g
プラリネペースト：100g
クレーム・モンテ用
生クリーム：180g

5 デコレーション

粉糖：30g

1 エクラ・ド・ノワゼット・カラメリゼを作る。170℃に温めておいたオーブンで刻みヘーゼルナッツを15分ローストする（P.132参照）。水とグラニュー糖を鍋に入れて火にかけ、115℃まで熱してシロップを作り、火から下ろしてローストしたヘーゼルナッツを加える。へらで混ぜてシロップが砂のようにざらざらになったら再び火にかけ、中火で混ぜながら全体をカラメリゼさせる。オーブンシートに広げて冷まし、粒を1つずつに分ける。

2 パート・シュクレを作る（P.12参照）。薄力粉と一緒に1のエクラ・ド・ノワゼット・カラメリゼを50g加えること。

3 オーブンを180℃に温めておく。ビスキュイ・オ・ザマンドと同じ要領で、ビスキュイ・オ・ノワゼットを作る（P.24参照）。アーモンドパウダーの代わりにヘーゼルナッツパウダーを使うこと。口金をつけた絞り袋にビスキュイ生地を入れ、アントルメ用セルクル型に渦巻き状に絞る。

4 オーブンで12〜15分焼き、カードで表面を軽く押さえて厚さを整える。

5 ムース・ヴァニーユと同じ要領で、ムース・オ・プラリネを作る（P.44参照）。クレーム・アングレーズを火から下ろす直前にプラリネペーストを加える。4のビスキュイの上にムースを流し、冷凍庫に6時間以上入れる。

6 2のパート・シュクレを5mmの厚さに伸ばし、タルト用セルクル型で円形にカットする。冷凍庫に1時間入れてから、160℃に温めておいたオーブンで黄金色になるまで20〜30分焼く。室温でしっかり冷ます。

7 5のビスキュイとムースを型からはずし、ビスキュイを上側にして6のパート・シュクレの上にのせる。解凍されるまで冷蔵庫に6時間以上入れる。

8 食べる直前に、表面にたっぷりと茶こしで粉糖を振り、2で残ったエクラ・ド・ノワゼット・カラメリゼを散らす。

INTENSE VANILLE

アンタンス・ヴァニーユ
（濃厚バニラのタルトレット）

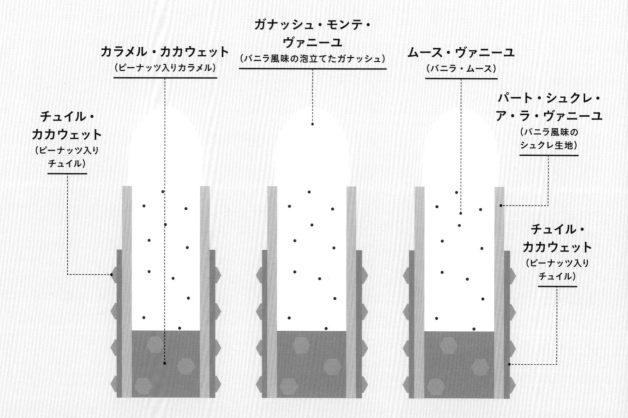

ガナッシュ・モンテ・
ヴァニーユ
（バニラ風味の泡立てたガナッシュ）

カラメル・カカウェット
（ピーナッツ入りカラメル）

ムース・ヴァニーユ
（バニラ・ムース）

パート・シュクレ・
ア・ラ・ヴァニーユ
（バニラ風味の
シュクレ生地）

チュイル・
カカウェット
（ピーナッツ入り
チュイル）

チュイル・
カカウェット
（ピーナッツ入り
チュイル）

どんなタルト？

半月状のバニラ風味のパート・シュク
レ2枚で、バニラ・ムースとピーナッ
ツ入りカラメルを挟み、バニラ風味の
泡立てたガナッシュとピーナッツ入り
チュイルでデコレーションします。

製作時間

下準備：2時間半
焼成・加熱：1時間半
冷凍：12時間
寝かせ：6時間以上（24時間がベスト）

必要な道具

直径3cm×高さ2cmの丸型シリコン
モールド
直径10cm×高さ2cmのタルト用
セルクル型　4個
直径10cmの抜き型
サントノーレ口金と絞り袋
シリコン製オーブンシート
ガストーチバーナー

アドバイス

ムースをきれいにカットするには、ナイフ
の刃を熱湯に浸してから使うとよいでしょう。
バニラビーンズのさやは、よく洗ってから
90℃に温めたオーブンに1時間入れて乾か
せば、砂糖の香りづけなどに利用できます。

基本テクニック

刻んだナッツ入りチュイルを作る　P.132
ゼラチンを戻す　P.136
シャブロネする　P.138
生地やクリームを絞る　P.138

手順

2日前：カラメル・カカウェットを作る
前日：パート・シュクレ・ア・ラ・ヴァ
ニーユを作る ⇒ ガナッシュ・モンテ・
ヴァニーユのガナッシュを作る ⇒ チュ
イル・カカウェットのアパレイユを作る
⇒ ムース・ヴァニーユを作る
当日：パートの焼成 ⇒ 組み立て ⇒
ガナッシュ・モンテ・ヴァニーユを作る
⇒ チュイルの焼成 ⇒ デコレーション

郵 便 は が き

1708780

052

料金受取人払郵便

豊島局承認

8407

差出有効期間
2022年4月30日
まで

東京都豊島区南大塚2-32-4

パイ インターナショナル 行

ԱիլլիգիIIIIIIIIIIIIIIIIIIIIIIIIIIIII

追加書籍をご注文の場合は以下にご記入ください

^社書籍のご注文は、下記の注文欄をご利用下さい。**宅配便の代引**にてお届けします。代引手数料と送
¦は、ご注文合計金額（税抜）が5,000円以上の場合は無料、同未満の場合は代引手数料300円（税
抜)、送料600円（税抜・全国一律）。乱丁・落丁以外のご返品はお受けしかねますのでご了承ください。

ご注文書籍名	冊数	お支払額
	冊	円
	冊	円
	冊	円
	冊	円

注文書

^届け先は裏面にご記載ください。
¦発送日、品切れ商品のご連絡をいたしますので、必ずお電話番号をご記入ください。）

^話やFAX、小社WEBサイトでもご注文を承ります。
ttps://www.pie.co.jp TEL：03-3944-3981 FAX：03-5395-4830

ご購入いただいた本のタイトル

●普段どのような媒体をご覧になっていますか？（雑誌名等、具体的に）

雑誌（　　　　　　　　　　　　　） WEBサイト（　　　　　　　　　　　　）

●この本についてのご意見・ご感想をお聞かせください。

●今後、小社より出版をご希望の企画・テーマがございましたら、ぜひお聞かせください。

お客様のご感想を新聞等の広告媒体や、小社Facebook・Twitterに匿名で紹介させていただく場合がございます。不可の場合のみ「いいえ」に○を付けて下さい。		いいえ
性別　　男・女	年齢　　　　　　歳	ご職業
フリガナ　お名前		
ご住所（〒　　　—　　　　　） TEL		
e-mail		
PIEメルマガをご希望の場合は「はい」に○を付けて下さい。　はい		

5301 タ

材料（8個分）

1 パート・シュクレ・ア・ラ・ヴァニーユ

バター：115g
粉糖：70g
バニラビーンズ：1本
全卵：45g（小1個）
塩：1つまみ
薄力粉：200g

シャブロン（コーティング）
ホワイトチョコレート：50g

2 ガナッシュ・モンテ・ヴァニーユ

板ゼラチン：2g
バニラビーンズ：1本
生クリーム：200g
ホワイトチョコレート：75g

3 ムース・ヴァニーユ

板ゼラチン：4g
バニラビーンズ：2本
生クリーム：180g
卵黄：60g（卵3〜4個）
グラニュー糖：25g

クレーム・モンテ用
生クリーム：180g

4 カラメル・カカウェット

板ゼラチン：2g
グラニュー糖：50g
水あめ：25g
生クリーム：70g
バター：35g
有塩ローストピーナッツ：70g

5 チュイル・カカウェット

バター：30g
グラニュー糖：65g
薄力粉：20g
オレンジ果汁：25g
有塩ローストピーナッツ：30g

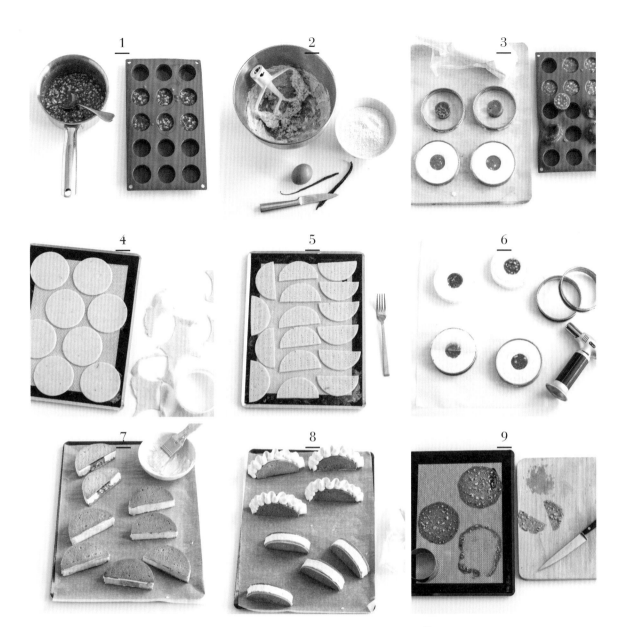

1　カラメル・カカウェットを作る。板ゼラチンを冷水で戻す。グラニュー糖と水あめでカラメル・ア・セックを作る（P.38参照）。生クリームを鍋に入れて加熱し、カラメル・ア・セックを糸状に垂らしながら加えて30秒沸騰させ、火から下ろす。水気を切ったゼラチン、バター、刻んだピーナッツを加えて混ぜる。シリコンモールド8つに分け入れ、冷凍庫に6時間以上入れる。

2　パート・シュクレと同じ要領で、パート・シュクレ・ア・ラ・ヴァニーユを作る（P.12参照）。バターに粉糖を加える時にバニラビーンズの種も加えること。

3　ガナッシュ・モンテ・ヴァニーユのガナッシュを作り、冷蔵庫に入れる（P.32参照）。チュイル・カカウェットのアパレイユを作る（P.132参照）。ピーナッツは刻んでから混ぜること。ムース・ヴァニーユを作

る（P.44参照）。セルクル型の底面に四角くカットしたラップを張って輪ゴムで留める。その中央に1のカラメル・カカウェットを置き、まわりにムース・ヴァニーユを流す。冷凍庫に6時間以上入れる。

4　2のパート・シュクレを2mmの厚さに伸ばし（P.14参照）、抜き型を使って直径10cmの円形を8個くり抜く。冷凍庫に1時間入れる。

5　オーブンを170℃に温めておく。4の円形のパート・シュクレを半分にカットし、オーブンシートに並べ、表面をフォークの先でピケする。オーブンに15〜20分入れ、室温で冷ましてからシャブロネする。

6　3のラップをはずし、バーナーで軽くあぶって型をはずす。ムースの表面が解凍されるまで待つ。

7　6の円形のムースを半分にカットし、5の半円形のパート・シュクレ2枚で挟む。シャブロネした面を内側にする。底面（半円形の直線部分）にもシャブロネし、乾いたら立てる。

8　3のガナッシュを泡立ててガナッシュ・モンテ・ヴァニーユを作る（P.32参照）。50gは口金なしの絞り袋に入れて取っておく。残りはサントノーレ口金をつけた絞り袋に入れ、7の上に絞り、解凍されるまで6時間以上冷蔵庫に入れる。

9　天板にオーブンシートを敷く。3のチュイルのアパレイユを8つに分けて焼く（P.132参照）。まだ熱いうちに抜き型で円形にくり抜き、半分にカットする。8で取っておいたガナッシュ・モンテ・ヴァニーユを使ってタルトレットの側面に貼りつける。

MONT-BLANC

モン・ブラン

（モンブランのタルト）

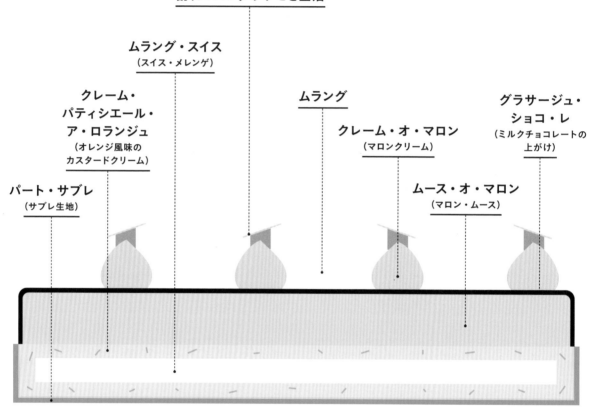

割れマロングラッセと金箔

ムラング・スイス
（スイス・メレンゲ）

クレーム・
パティシエール・
ア・ロランジュ
（オレンジ風味の
カスタードクリーム）

ムラング

クレーム・オ・マロン
（マロンクリーム）

グラサージュ・
ショコ・レ
（ミルクチョコレートの
上がけ）

パート・サブレ
（サブレ生地）

ムース・オ・マロン
（マロン・ムース）

どんなタルト？

パート・サブレの土台に、カスタードクリームとメレンゲを詰め、ミルクチョコレートで上がけしたマロン・ムースをのせ、ドーム状に絞ったメレンゲとマロンクリームを飾ります。

製作時間

下準備：3時間
焼成・加熱：2時間半～3時間
冷凍：6時間以上
（24時間がベスト）
寝かせ：6時間以上
（24時間がベスト）

必要な道具

直径24cmのタルト用セルクル型
直径22cmのアントルメ用セルクル型
8mmと10mmの丸口金、絞り袋
スタンドミキサー（ボウル、平面ビーター、ワイヤーホイップ）
ガストーチバーナー

アドバイス

6のクレーム・オ・マロンを作るには、マロンクリームより甘みが少なくてねっとりしている、マロンペーストが適しています。

注意すべきポイント

ムースのグラサージュ

基本テクニック

ムラング（メレンゲ）の円盤やドームを作る
P.132
ゼラチンを戻す　P.136
バターをポマード状にする　P.137
生クリームを泡立てる　P.137
チョコレートを湯煎で溶かす　P.138
シャブロネする　P.138
生地やクリームを絞る　P.138

手順

前日：ムラング・スイスを作る⇒パート・サブレを作る⇒クレーム・パティシエール・ア・ロランジュを作る⇒ムース・オ・マロンを作る
当日：グラサージュ・ショコ・レを作る⇒土台の焼成⇒タルトにフィリングを詰める⇒ムースにグラサージュをかける⇒クレーム・オ・マロンを作る⇒デコレーション

材料（8〜10人分）

1 ムラング・スイス

卵白：120g（卵3〜4個）
グラニュー糖：120g
粉糖：120g

2 パート・サブレ

バター：70g
薄力粉：200g
塩：1g
粉糖：70g
全卵：60g（大1個）

シャブロン（コーティング）

ホワイトチョコレート：60g

3 クレーム・パティシエール・ア・ロランジュ

卵黄：100g（卵5〜6個）
グラニュー糖：120g
コーンスターチ：50g
牛乳：500g
オレンジの表皮：2個分
バター：70g

4 ムース・オ・マロン

板ゼラチン：4g
生クリーム：30g
市販のマロンクリーム：190g

クレーム・モンテ用

生クリーム：190g

5 グラサージュ・ショコ・レ

ブラックチョコレート：90g
ミルクチョコレート：250g
生クリーム：225g
トリモリン（なければハチミツ）：40g

6 クレーム・オ・マロン

市販のマロンペースト：300g
バター：150g

7 デコレーション

割れマロングラッセ：40g
金箔：1枚

1　オーブンを80℃に温めておく。ムラング・スイスを作る（P.40参照）。8mmの口金をつけた絞り袋にムラングのアパレイユを入れ、オーブンシートを敷いた天板の上に、直径22cmの円盤になるように渦巻き状に絞る。さらに、10mmの口金をつけた絞り袋で小さなドーム状に絞る（P.132参照）。いずれもオーブンで2時間焼く。

2　パート・サブレを作る（P.10参照）。クレーム・パティシエール・ア・ロランジュを作る（P.30参照）。火にかける前に牛乳におろしたオレンジの表皮を加えること。ムース・オ・マロンを作る。板ゼラチンを冷水で戻す。シャンティと同じ要領で生クリーム190gを泡立ててクレーム・モンテを作り、冷蔵庫に入れておく（P.42、137参照）。生クリーム30gを鍋に入れて加熱する。沸騰したらすぐに火から下ろし、水気を切ったゼラチンを加えて泡立て器で混ぜ、マロ

ンクリームを加えてさらに混ぜる。最後にクレーム・モンテを加える。

3　アントルメ用セルクル型の底面にラップを張り、2のムース・オ・マロンを流す。冷凍庫に6時間以上入れる。

4　グラサージュ・ショコ・レを作り（P.47参照）、35〜40℃に冷ます。2のパート・サブレをタルト用セルクル型に敷き込み、表面をピケして空焼きする（P.14参照）。冷めたらホワイトチョコレートでシャブロネする。1のムラング・スイスの円盤の両面にもシャブロネし、冷蔵庫に15分入れる。2のクレーム・パティシエールを泡立て器でしっかりとかく拌してなめらかにしてから、8mmの口金をつけた絞り袋に入れ、パート・サブレの土台の上に、約5mmの厚さになるように渦巻き状に絞る。その上にムラング・スイスの円盤を置き、ムラングを

覆い隠すようにクレーム・パティシエールをさらに絞る。

5　3のラップをはずし、バーナーで軽くあぶって型をはずす。4のグラサージュを、側面がきれいになるよう外側からかける。パレットナイフで薄く伸ばし、冷凍庫に15分入れる。L字型パレットナイフでムースを4の上にのせ、解凍されるまで冷蔵庫に6時間入れる。

6　クレーム・オ・マロンを作る。スタンドミキサーの平面ビーターで市販のマロンペーストを柔らかくする。ポマード状にしたバターを3回に分けて加え、よく混ぜる。10mmの口金をつけた絞り袋に入れ、5の上にドーム状に絞る。1のムラングのドームもタルトの上に置き、割れマロングラッセと金箔で飾る。

CARAMEL

カラメル

（カラメルのタルト）

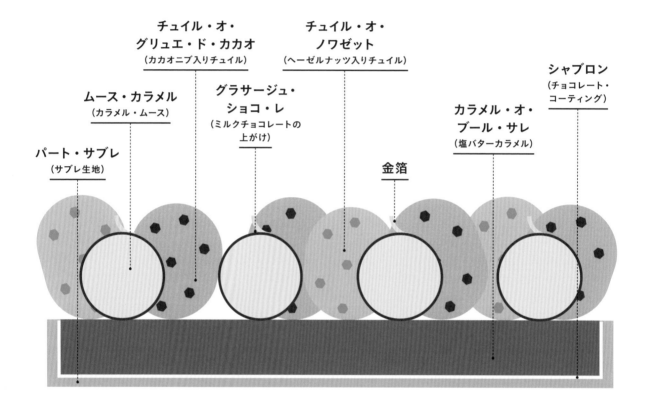

チュイル・オ・
グリュエ・ド・カカオ
（カカオニブ入りチュイル）

チュイル・オ・
ノワゼット
（ヘーゼルナッツ入りチュイル）

シャブロン
（チョコレート・
コーティング）

ムース・カラメル
（カラメル・ムース）

グラサージュ・
ショコ・レ
（ミルクチョコレートの
上がけ）

カラメル・オ・
ブール・サレ
（塩バターカラメル）

パート・サブレ
（サブレ生地）

金箔

どんなタルト？

パート・サブレに塩バターカラメルを詰めて、ミルクチョコレートで上がけした球体カラメル・ムースをのせ、ヘーゼルナッツとカカオニブ入りのチュイルでデコレーションします。

製作時間

下準備：3時間
焼成・加熱：30〜45分
冷凍：8時間以上
（24時間がベスト）
寝かせ：6時間以上
（24時間がベスト）

必要な道具

直径22cmのタルト用セルクル型
球体シリコンモールド
絞り袋
スタンドミキサー（ボウル、平面ビーター）
泡立て器（またはハンドミキサー）

手順

前日：パート・サブレを作る⇒チュイルのアパレイユを作る⇒球体ムース・カラメルを作る
当日：パート・サブレの焼成⇒シャブロネする⇒カラメル・オ・ブール・サレを作る⇒球体にグラサージュ・ショコ・レをかける⇒チュイルの焼成⇒デコレーション

注意すべきポイント

カラメル・ア・セック
球体のグラサージュ

基本テクニック

ナッツをローストする　P.132
刻んだナッツ入りチュイルを作る　P.132
ゼラチンを戻す　P.136
シノワでこす　P.136
シロップを作る　P.137
生クリームを泡立てる　P.137
チョコレートを湯煎で溶かす　P.138
シャブロネする　P.138
球体シリコンモールドの使い方　P.138

材料（6〜8人分）

1 パート・サブレ

バター：70g
薄力粉：200g
塩：1g
粉糖：70g
全卵：60g（大1個）

シャブロン（コーティング）
ホワイトチョコレート：40g

2 カラメル・オ・ブール・サレ

板ゼラチン：4g
グラニュー糖：150g
水あめ：75g
生クリーム：200g
バター：100g
フルール・ド・セル：3g

3 球体ムース・カラメル

カラメル用
板ゼラチン：5g
グラニュー糖：65g
生クリーム：65g
フルール・ド・セル：1g

パータ・ボンブ用
卵黄：50g（卵3個）
水：20g
グラニュー糖：50g

クレーム・モンテ用
生クリーム：125g

4 グラサージュ・ショコ・レ

ブラックチョコレート：90g
ミルクチョコレート：250g
生クリーム：225g
トリモリン（またはハチミツ）：40g

5 チュイル・オ・ノワゼット／
チュイル・オ・グリュエ・ド・カカオ

バター：30g
グラニュー糖：65g
薄力粉：20g
オレンジ果汁：25g
カカオニブ：15g
ヘーゼルナッツ：15g

6 デコレーション

金箔：1枚

1　パート・サブレを作る（P.10参照）。チュイルのアパレイユを作る（P.132参照）。出来上がりを半分に分けて、一方にカカオニブを、もう一方にローストして刻んだヘーゼルナッツを入れる。

2　球体ムース・カラメルのためのカラメルを作る。板ゼラチンを冷水で戻す。カラメル・ア・セックを作る（P.39参照）。生クリーム65gを鍋に入れて加熱し、沸騰したらカラメル・ア・セックに少しずつ加えて混ぜ合わせる。再び火にかけて沸騰させ、火から下ろして水気を切ったゼラチンとフルール・ド・セルを加える。シノワでこし、ラップでふたをして室温で冷ます。

3　球体ムース・カラメルを作る。シャンティイと同じ要領でクレーム・モンテを作り、冷蔵庫に入れておく（P.42、137参照）。

パータ・ボンブを作る。卵黄を泡立て器でしっかりと泡立てる（ハンドミキサーを使う場合は高速にする）。シロップを作る（P.137参照）。115℃（泡がなくなる程度）で火から下ろし、泡立てた卵黄に少しずつ加えながら、冷めるまで泡立て器でしっかりと混ぜ合わせる。2のカラメルにクレーム・モンテを1/3加えて泡立て器でしっかりと混ぜる。パータ・ボンブを加えてゴムべらで軽く混ぜ、残りのクレーム・モンテを加え、均一になる程度に軽く混ぜる。出来上がった生地を絞り袋に入れて球体シリコンモールドに詰め、冷凍庫に8時間以上入れる（P.138参照）。

4　1のパート・サブレを伸ばし、セルクル型に敷き込んでオーブンで焼く（P.14参照）。冷めたらシャブロネする。カラメル・オ・ブール・サレを作る。板ゼラチンを冷水で戻す。

グラニュー糖と水あめでカラメル・ア・セックを作る（P.39参照）。濃い茶色になったら火から下ろし、生クリームを少しずつ加える。水気を切ったゼラチン、バター、フルール・ド・セルを加える。粗熱が取れたらパート・サブレの土台に詰めて、冷蔵庫に入れる。

5　グラサージュ・ショコ・レを作り、35〜40℃に冷ます（P.47参照）。3の球体ムース・カラメルを型からはずし、つまようじを刺してグラサージュに浸す。余分なグラサージュをそっと振り落とし、4の上にのせ、つまようじをはずす。

6　1のチュイルのアパレイユを焼く（P.132参照）。焼き上がったら、熱いうちに麺棒にのせてカーブをつける。そのまま冷ましたり、割って使ってもよい。5の上にチュイルと金箔を飾る。

CHOCOLAT
SOUFFLÉ

ショコラ・スフレ
（チョコレートスフレのタルトレット）

金箔

アパレイユ・ア・
スフレ・オ・ショコラ
（チョコレート風味のスフレ生地）

パート・シュクレ
（シュクレ生地）

ガナッシュ・
クレムーズ
（クリーミー・ガナッシュ）

ココアパウダー

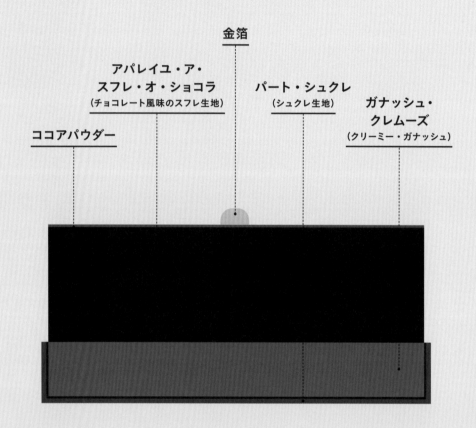

どんなタルト？
パート・シュクレにクリーミー・ガナッシュを詰め、チョコレート風味のスフレ生地をのせたタルトレット。

製作時間
下準備：2時間
焼成・加熱：30分
冷蔵：2時間以上
寝かせ：6時間以上（24時間がベスト）

必要な道具
直径8cmのタルト用セルクル型　6個
8mmの丸口金と絞り袋
スタンドミキサー
（ボウル、平面ビーター、ワイヤーホイップ）

基本テクニック
チョコレートを湯煎で溶かす
P.138
シャブロネする　P.138
生地やクリームを絞る　P.138

注意すべきポイント
型への敷き込み
ガナッシュのクレーム・アングレーズの温度調整
ムラング・フランセーズ
アパレイユ・ア・スフレ・オ・ショコラの混ぜ合わせ

手順
2日前：パート・シュクレを作る
1日前：パート・シュクレを空焼きする・シャブロネする ⇒ ガナッシュ・クレムーズを作る
当日：ガナッシュ・クレムーズを土台に絞る ⇒ アパレイユ・ア・スフレ・オ・ショコラを作る ⇒ アパレイユを型に絞る
15分前：タルトレットの焼成

アドバイス
アパレイユ・ア・スフレ・オ・ショコラを均一に混ぜ合わせるには、チョコレートの温度を35〜40℃に保つようにしましょう。温度が低すぎるとチョコレートが部分的に固まりはじめてしまい、型の上にきれいに絞りだせなくなります。

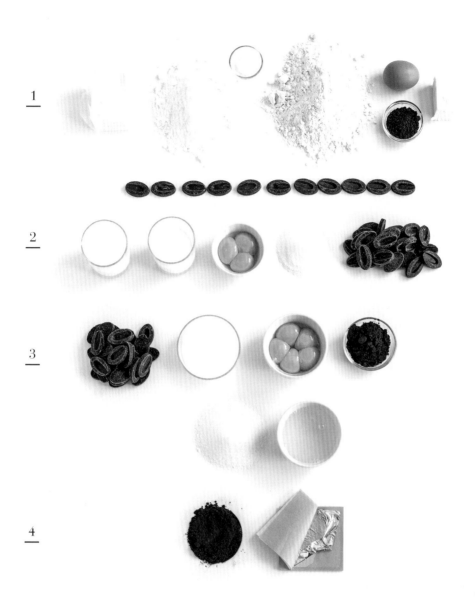

材料（6個分）

1 パート・シュクレ

バター：75g
粉糖：45g
全卵：25g（約1/2個）
塩：1つまみ
薄力粉：130g
ココアパウダー：5g
バター（オーブンシート塗布用）：30g
シャブロン（コーティング）
ブラックチョコレート：40g

2 ガナッシュ・クレムーズ

卵黄：30g（卵2～3個）
グラニュー糖：30g
牛乳：70g
生クリーム：70g
ブラックチョコレート
（カカオ含有量60～70%）：100g

**3 アパレイユ・ア・
スフレ・オ・ショコラ**

ブラックチョコレート
（カカオ含有量60～70%）：100g
卵黄：75g（卵4～5個）
牛乳：50g
ココアパウダー：20g
**ムラング・フランセーズ
（フレンチ・メレンゲ）用**
卵白：75g（卵2個）
グラニュー糖：55g

4 デコレーション

ココアパウダー：10g
金箔：1枚

1 パート・シュクレを作る（P.12参照）。薄力粉にココアパウダーを加えること。生地を6個のセルクル型に敷き込んで表面をピケし、冷凍庫で30分寝かせる（P.15参照）。160℃に温めておいたオーブンで12〜15分焼く。型からはずし、冷めたら表面にシャブロネし、冷蔵庫に15分入れる。

2 ガナッシュ・クレムーズを作る（P.34参照）。牛乳の代わりに牛乳と生クリームを使うこと。口金をつけた絞り袋に入れ、1のタルトレットの上に土台の半分くらいの高さまで渦巻き状に絞る。オーブンシートを25×4cmに細長くカットし、片面に刷毛でバターを薄く塗る。バターを塗った面を内側にしてセルクル型の内側に巻きつけ、そこにタルトレットを入れる。こうしておく

と、アパレイユ・ア・スフレ・オ・ショコラが膨らんでも形が崩れにくくなる。そのまま冷蔵庫に入れておく。

3 アパレイユ・ア・スフレ・オ・ショコラを作る。チョコレートを湯煎で溶かす。卵黄と牛乳を泡立て器で混ぜる。

4 ムラング・フランセーズを作る。しっかりと角が立つまで固めに泡立てる（P.25-2〜3参照）。

5 4のムラングの1/3と3の溶かしたチョコレートを泡立て器で混ぜ合わせる。ココアパウダーを加えてさらに混ぜる。

6 3の卵黄と牛乳を混ぜたもの、4のムラングの残りを加えて、ゴムべらでそっと混ぜ合わせる。

7 6のアパレイユを口金なしの絞り袋に入れ、2のタルトレットの上に厚さ2〜3cmになるように絞る。オーブンを200℃に温めている間、タルトレットを冷蔵庫に入れておく。オーブンが温まったら8〜10分焼く。オーブンから出して3〜5分置いてから、型とオーブンシートをはずす。食べる直前に茶こしでココアパウダーを振り、金箔を飾る。

PASSION
NOISETTES

パッション・ノワゼット
（ヘーゼルナッツとパッションフルーツのタルト）

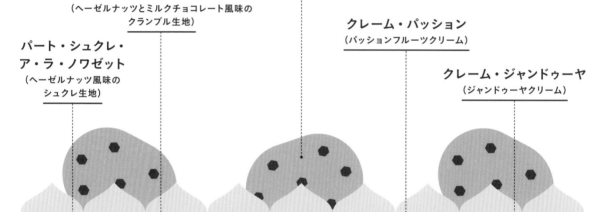

**チュイル・オ・グリュエ・
ド・カカオ**
（カカオニブ入りチュイル）

**クランブル・
ノワゼット・ショコ**
（ヘーゼルナッツとミルクチョコレート風味の
クランブル生地）

クレーム・パッション
（パッションフルーツクリーム）

**パート・シュクレ・
ア・ラ・ノワゼット**
（ヘーゼルナッツ風味の
シュクレ生地）

クレーム・ジャンドゥーヤ
（ジャンドゥーヤクリーム）

どんなタルト？

ヘーゼルナッツ風味のパート・シュクレ
の上に、ヘーゼルナッツとミルクチョコ
レート風味のクランブル生地、パッショ
ンフルーツ風味のジャンドゥーヤクリー
ム、パッションフルーツクリームを順に
のせて、カカオニブ入りチュイルでデコ
レーションします。

製作時間

下準備：2時間
焼成・加熱：30〜45分
冷凍：2時間
寝かせ：6時間以上（24時間がベスト）

必要な道具

一辺24cmの角セルクル型（カードル）
8mmの丸口金と絞り袋
スタンドミキサー
（ボウル、平面ビーター）
ミキサー
ガストーチバーナー
料理用温度計

ヴァリエーション

クリームにパッションフルーツピューレ
を入れる代わりに、レモン果汁を使って
もよいでしょう。

基本テクニック

刻んだナッツ入りチュイルを作る　P.132
ゼラチンを戻す　P.136
チョコレートを湯煎で溶かす　P.138
生地やクリームを絞る　P.138

手順

前日：パート・シュクレ・ア・ラ・ノワゼッ
トを作る ⇒ クランブルのベースを作る ⇒
チュイルのアパレイユを作る ⇒ クレーム・
パッションを作る
当日：パート・シュクレの焼成 ⇒ クランブ
ル・ノワゼット・ショコを作る ⇒ クレーム・
ジャンドゥーヤを作る ⇒ 組み立て ⇒ チュ
イルの焼成

98

材料（10〜12人分）

1 パート・シュクレ・ア・ラ・ノワゼット

バター：115g
粉糖：70g
全卵：45g（小1個）
塩：1つまみ
薄力粉：140g
ヘーゼルナッツパウダー：50g

2 クランブル・ノワゼット・ショコ

ヘーゼルナッツパウダー：50g
グラニュー糖：50g
薄力粉：50g
バター：50g
ミルクチョコレート：100g

3 クレーム・ジャンドゥーヤ

ブラックチョコレート：200g
生クリーム：50g
プラリネペースト：180g
パッションフルーツピューレ：75g

4 クレーム・パッション

板ゼラチン：6g
パッションフルーツピューレ：300g
全卵：115g（2〜3個）
卵黄：80g（卵4〜5個）
グラニュー糖：85g
バター：115g

5 チュイル・オ・グリュエ・ド・カカオ

バター：30g
グラニュー糖：65g
薄力粉：20g
パッションフルーツ：25g（1個）
カカオニブ：30g

1 パート・シュクレと同じ要領で、パート・シュクレ・ア・ラ・ノワゼットを作る（P.12参照）。クランブル・ショコラ（P.26参照）と同じ要領で、クランブルのベースを作る。アーモンドパウダーの代わりにヘーゼルナッツパウダーを使うこと。

2 チュイルのアパレイユを作る（P.132参照）。ナッツの代わりにカカオニブを、オレンジ果汁の代わりにパッションフルーツの果肉を使うこと。

3 クレーム・パッションを作る。板ゼラチンを冷水で戻す。パッションフルーツピューレを鍋に入れて加熱する。全卵、卵黄、グラニュー糖を泡立て器で白っぽくなるまで混ぜて、そこに沸騰したピューレの半量を注ぎ、泡立て器でよく混ぜる。鍋に戻して中火にかけて混ぜ合わせる。再び沸騰したら火から下ろし、水気を切っ

たゼラチンとバターを加え、ミキサーに2分ほどかける。密閉容器に入れて冷蔵庫に入れておく。

4 1のパート・シュクレを3mmの厚さに伸ばす（P.14参照）。角セルクル型と同じ大きさにカットし、表面をフォークの先でピケして、冷凍庫に1時間入れる。160℃に温めておいたオーブンで20〜30分空焼きする。オーブンから出したら、型をはずして冷ます。

5 1のベースを使ってクランブル・ノワゼット・ショコを作る（P.26参照）。ブラックチョコレートの代わりにミルクチョコレートを使うこと。4が冷めたら再び型に戻し、その上にクランブルをのせてへらで均等に伸ばし、冷蔵庫に30分入れる。

6 クレーム・ジャンドゥーヤを作る。ブラックチョコレートを湯煎で溶かす。生クリームを約50℃に温める。プラリネペーストをボウルに入れ、溶かしたブラックチョコレートを加えてへらで混ぜる。パッションフルーツピューレと温めた生クリームを加えてさらに混ぜる。5の土台の上に流し、へらで均等に伸ばす。冷凍庫に1時間入れる。

7 6の型をバーナーで軽くあぶってはずす。型とタルトの間にナイフの刃を入れると取れやすくなる。3のクレーム・パッションを泡立て器でかく拌してなめらかにし、口金をつけた絞り袋に入れて、タルトの上にドーム状に絞る。

8 チュイルを焼き、温かいうちに麺棒にのせてカーブをつける。食べる直前にタルトの上にチュイルをのせる。

MACARONS
FRAISE-RHUBARBE

マカロン・フレーズ・リュバルブ
（イチゴとルバーブとマカロンのタルト）

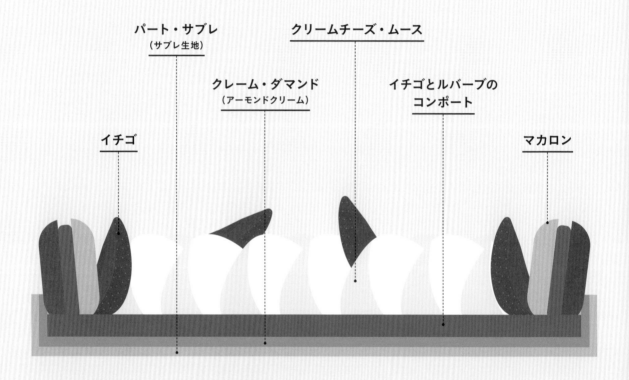

パート・サブレ
（サブレ生地）

クリームチーズ・ムース

クレーム・ダマンド
（アーモンドクリーム）

イチゴとルバーブの
コンポート

イチゴ

マカロン

どんなタルト？

パート・サブレの上にアーモンドクリーム、イチゴとルバーブのコンポートを重ね、クリームチーズ・ムースをのせ、フレッシュなイチゴと市販のラズベリーマカロンを飾ります。

製作時間

下準備：1時間半～2時間
焼成・加熱：1時間半
寝かせ：6時間以上（24時間がベスト）

注意すべきポイント

コンポートの加熱
タルトの焼成

必要な道具

直径24cmのタルト用セルクル型
サントノーレ口金と絞り袋
スタンドミキサー（ボウル、
平面ビーター、ワイヤーホイップ）

ヴァリエーション

イチゴの代わりにラズベリーを使ってもよいでしょう。

保存方法

焼成前のパート・サブレ、クレーム・ダマンド、コンポートは、いずれも冷凍で3カ月保存できます。

基本テクニック

フルーツをカットする　P.133
生クリームを泡立てる　P.137
生地やクリームを絞る　P.138

手順

前日：パート・サブレを作る⇒クレーム・ダマンドを作る⇒イチゴとルバーブのコンポートを作る
当日：パート・サブレを空焼きする⇒フィリングを詰める⇒焼成⇒クリームチーズ・ムースを作る⇒デコレーション

材料（8〜10人分）

1 パート・サブレ

バター：70g
薄力粉：200g
塩：1g
粉糖：70g
全卵：60g（大1個）

2 クレーム・ダマンド

バター：100g
グラニュー糖：100g
全卵：100g（2個）
アーモンドパウダー：100g
薄力粉：20g

3 イチゴとルバーブのコンポート

ルバーブ：250g
イチゴ：250g
グラニュー糖：100g

4 クリームチーズ・ムース

生クリーム：200g
クリームチーズ：200g
粉糖：20g

5 デコレーション

イチゴ：500g
市販のラズベリー・マカロン：
12〜15個

1　パート・サブレを作る（P.10参照）。
クレーム・ダマンドを作る（P.28参照）。

2　イチゴとルバーブのコンポートを作る。
ルバーブの皮をむいて長さ1cmの輪切り
にする（P.133参照）。イチゴをさっと洗って
へたを取り、4つにカットする。グラニュー
糖と一緒に鍋に入れて弱火にかけ、へら
でかき混ぜながらジャムのようになるまで
30〜45分ほど煮る（鍋にくっつくようなら
水を適宜加える）。

3　2をスプーン一杯分皿にのせて、指で
触ってどろっとしたら火から下ろす。容器に
入れてラップをし、冷蔵庫に入れておく。

4　1のパート・サブレをセルクル型に敷
き込んで空焼きし（P.14参照）、室温で冷ま
す。1のクレーム・ダマンドを絞り袋に入れ
て、パート・サブレの上に渦巻き状に絞る。
縁から1cm分は2段重ねにする。

5　オーブンを170℃に温めておく。3の
コンポートを絞り袋に入れて、4の上に絞
る。ただし縁から1cm分は絞らない。オー
ブンに20〜30分入れる。焼き加減を確
認して（P.14参照）オーブンから出し、室温
で冷ます。

6　クリームチーズ・ムースを作る。スタン
ドミキサーのボウルに、生クリーム、クリー
ムチーズ、粉糖を入れ、シャンティイと同じ
要領で泡立てる（P.42、137参照）。

7　デコレーション用のイチゴのへたを取
り、大きさによって2つか4つにカットする。
6のムースをサントノーレ口金をつけた絞
り袋に入れる。5のタルトの縁に、クネル
状に絞ったムース、イチゴ、マカロンを並
べて一周させる。

8　タルトの中央にムースを絞り、その上
にイチゴとマカロンをランダムに飾る。

VANILLE FIGUES

サブレ・ブルトン・ヴァニーユ・フィグ
（イチジクとバニラのサブレ・ブルトン・タルト）

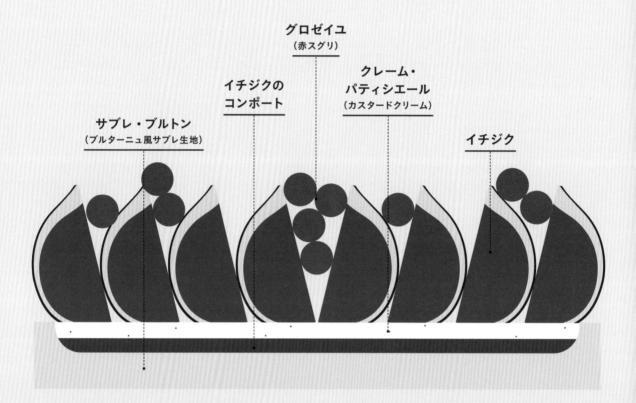

グロゼイユ
（赤スグリ）

クレーム・
パティシエール
（カスタードクリーム）

イチジクの
コンポート

サブレ・ブルトン
（ブルターニュ風サブレ生地）

イチジク

どんなタルト？

サブレ・ブルトンの上に、カスタードクリーム、
イチジクのコンポートをのせて、
フレッシュなイチジクを飾ります。

製作時間

下準備：1時間半
焼成・加熱：30〜45分
冷凍：1時間以上
冷蔵：4時間

必要な道具

直径22cmのアントルメ用セルクル型
8mmの丸口金と絞り袋、ハンドブレンダー

基本テクニック

生地やクリームを絞る　P.138

アドバイス

イチジクのコンポートを煮る時、鍋に
貼りついたら大さじ1〜2杯の水を加
えましょう。
フレッシュなイチジクをのせる時にク
リームとコンポートが外側にはみ出さ
ないよう、サブレ生地の縁から1cm空
けて絞りましょう。

手順

前日：サブレ・ブルトンを作る⇒
クレーム・パティシエールを作る
当日：イチジクのコンポートを作る⇒
組み立て⇒デコレーション

材料（6〜8人分）

1 サブレ・ブルトン

バター：150g
グラニュー糖：140g
卵黄：60g（卵3〜4個）
薄力粉：200g
ベーキングパウダー：5g
塩：3g

2 クレーム・パティシエール

卵黄：50g（卵2〜3個）
グラニュー糖：60g
コーンスターチ：25g
バニラビーンズ：1本
牛乳：250g
バター：30g

3 イチジクのコンポート

イチジク：450g
ハチミツ：45g

4 フィリングとデコレーション

イチジク：1kg
グロゼイユ（赤スグリ）：100g

1　サブレ・ブルトンを作り、焼成する（P.20参照）。クレーム・パティシエールを作る（P.30参照）。

2　イチジクのコンポートを作る。イチジクを洗って4つにカットし、鍋に入れる。ハチミツを加えて弱火にかける。時々混ぜながら15〜20分煮る。

3　2をスプーン1杯分皿にのせて、ねばりが出ていれば鍋を火から下ろす。ハンドブレンダーでかく拌し、室温で冷ます。

4　口金をつけた絞り袋に3のコンポートを入れ、1のサブレ・ブルトンの上に渦巻き状に絞る。縁から約1cm空けておく。

5　1のクレーム・パティシエールを泡立て器で2〜3分ほどしっかりとかく拌してなめらかにし、4のコンポートと同じ要領で上に絞る。

6　フィリング用イチジクを大きさによって4〜8つにカットし、バラの花のイメージで上に並べる。食べる直前にグロゼイユを飾る。

PASSION
MANGUE-COCO

パッション・マング・ココ
(パッションフルーツとマンゴーとココナッツのタルト)

ヤシの実の果肉のスライス

クレーム・ココ
(ココナッツクリーム)

マンゴー

パート・サブレ
(サブレ生地)

クレーム・パッション
(パッションフルーツクリーム)

どんなタルト？

パート・サブレの土台にココナッツクリームとパッションフルーツクリームを詰めて、マンゴーの果肉を並べ、ヤシの実の果肉を飾ります。

製作時間

下準備：2時間
焼成・加熱：45分～1時間
寝かせ：6時間以上（24時間がベスト）

必要な道具

直径24cmのタルト用セルクル型
8mmの丸口金と絞り袋
スタンドミキサー
（ボウル、平面ビーター）
ミキサー

ヴァリエーション

タルトの上にのせるフルーツは、マンゴーの代わりにパイナップルを使ってもよいでしょう。

基本テクニック

フルーツをカットする　P.133
ゼラチンを戻す　P.136
生地やクリームを絞る　P.138

注意すべきポイント

マンゴーの果肉を薄くスライスする

手順

前日：パート・サブレを作る⇒クレーム・ココを作る⇒クレーム・パッションを作る
当日：焼成⇒組み立て⇒デコレーション

材料（6〜8人分）

1 パート・サブレ

バター：70g
薄力粉：200g
塩：1g
粉糖：70g
全卵：60g（大1個）

2 クレーム・ココ

バター：100g
グラニュー糖：100g
全卵：100g（2個）
ココナッツファイン：100g
薄力粉：20g

3 クレーム・パッション

板ゼラチン：4g
パッションフルーツピューレ：200g
全卵：75g（1〜2個）
卵黄：55g（卵3個）
グラニュー糖：55g
バター：75g

4 デコレーション

マンゴー：3〜4個
ヤシの実：1/4個

1 パート・サブレを作る（P.10参照）。クレーム・ダマンドと同じ要領でクレーム・ココを作る（P.28参照）。アーモンドパウダーの代わりにココナッツファインを入れること。

2 クレーム・パッションを作る（P.100-3参照）。

3 1のパート・サブレをセルクル型に敷き込んで空焼きし（P.14参照）、室温で冷ます。絞り袋に1のクレーム・ココを入れ、土台の上に渦巻き状に詰める。170℃に温めておいたオーブンに20〜30分入れる。焼き加減を確認してからオーブンから出し（P.14参照）、室温で冷ます。

4 2のクレーム・パッションを泡立て器でかく拌してなめらかにし、口金をつけた絞り袋に入れ、3の上に渦巻き状に絞る。縁から1cm分空けておく。

5 マンゴーの皮をむいて縦に2分割し、厚さ1mmほどに薄くスライスする（P.133参照）。1枚を小さく丸め、その外側に他のスライスを巻きつける。マンゴー1/2個分を使い終えたら、へらにのせて4のタルトの中心に置く。

6 マンゴースライス数枚を、少しずつずらしながら弧を描くように重ねる。それを5の中心のマンゴーのまわりに置く。バラの花を描くイメージで表面全体をマンゴーで覆いつくすまで、同じ作業を繰り返す。ヤシの実の果肉のスライスをランダムに散らす（P.133参照）。

COMME UN SAVARIN AUX
FRAMBOISES

コム・アン・サヴァラン・オ・フランボワーズ
（ラズベリーサヴァラン風タルト）

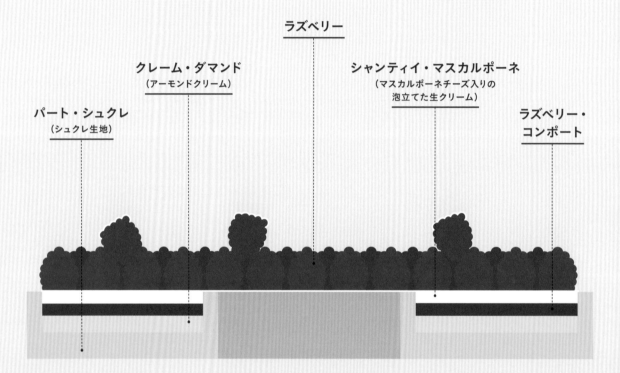

ラズベリー

クレーム・ダマンド
（アーモンドクリーム）

シャンティイ・マスカルポーネ
（マスカルポーネチーズ入りの
泡立てた生クリーム）

パート・シュクレ
（シュクレ生地）

ラズベリー・
コンポート

どんなタルト？

パート・シュクレの土台に、アーモンドクリーム、ラズベリー・コンポート、マスカルポーネチーズ入りシャンティイを詰めて、フレッシュなラズベリーを並べます。

製作時間

下準備：1時間半～2時間
焼成・加熱：1時間～1時間15分
冷凍：1時間
寝かせ：6時間以上（24時間がベスト）

必要な道具

直径24cmのタルト用セルクル型
直径8cmの抜き型
8mmの丸口金と絞り袋
スタンドミキサー
（ボウル、平面ビーター）

アドバイス

シャンティイ・マスカルポーネは乳脂肪分が多いため、通常のシャンティイより早く泡立ちます。泡立てすぎないよう気をつけましょう。

基本テクニック

生クリームを泡立てる　P.137
生地やクリームを絞る　P.138

注意すべきポイント

抜き型はきちんとタルトの土台の中心に置きましょう。

手順

前日：パート・シュクレを作る⇒クレーム・ダマンドを作る⇒ラズベリー・コンポートを作る
当日：焼成⇒シャンティイ・マスカルポーネを作る⇒組み立て⇒デコレーション

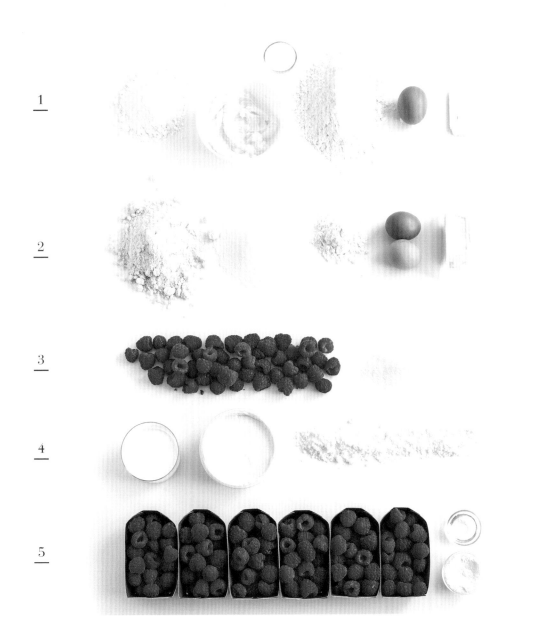

材料（6〜8人分）

1 パート・シュクレ

バター：115g
粉糖：70g
全卵：45g（小1個）
塩：1つまみ
薄力粉：200g
型に塗るためのバター：15g

2 クレーム・ダマンド

バター：100g
グラニュー糖：100g
全卵：100g（2個）
アーモンドパウダー：100g
薄力粉：20g

3 ラズベリー・コンポート

ラズベリー：200g
グラニュー糖：60g

4 シャンティイ・マスカルポーネ

生クリーム：100g
マスカルポーネチーズ：100g
粉糖：10g

5 フィリングとデコレーション

ラズベリー：500g
水あめ（なければハチミツ）：30g
粉糖：20g

1 パート・シュクレを作る（P.12参照）。クレーム・ダマンドを作る（P.28参照）。

2 ラズベリー・コンポートを作る。イチゴとルバーブのコンポートと同じ要領で（P.104-2～3参照）、どろっとするまで20～30分煮る。容器に移してラップをし、冷蔵庫に入れておく。

3 1のパート・シュクレを2mmの厚さに伸ばし、セルクル型に敷き込む（P.14参照）。生地の中心に抜き型を置いて真ん中をくり抜く。抜き型の外側にバターを塗り、生地の中心に置く。

4 余ったパート・シュクレの生地を25.5cm×3cmのサイズに伸ばす。3の抜き型の外側に貼りつけ、端同士を軽く押して密着させる。これで生地の形がサヴァラン風になる。冷凍庫に1時間入れる。

5 160℃に温めておいたオーブンで、4の生地を15～20分空焼きし（P.14参照）、室温で冷ます。オーブンの温度を170℃に上げる。口金をつけた絞り袋に1のクレーム・ダマンドを入れ、約5mmの厚さになるように詰める。再びオーブンに入れて15～20分焼き、室温で冷ます。

6 2のラズベリー・コンポートをゴムベラで5の上に広げる。シャンティイと同じ要領で、シャンティイ・マスカルポーネを作る（P.42、137参照）。口金をつけた絞り袋に入れ、ラズベリー・コンポートの上に渦巻き状に絞る。

7 フィリング用ラズベリーを6の上に隙間なく並べる。8～10個は別に取っておく。絞り袋に水あめを入れて先端に穴を開ける。赤いビロードの上にパールをちりばめるイメージで、ラズベリーの上に水あめを垂らす。

8 7で取っておいたラズベリーの下部に粉糖をつけて、粉糖側を上に向けてランダムに置く。

FINE
AUX POMMES

フィーヌ・オ・ポム
（リンゴの薄焼きタルト）

リンゴ

パート・フイユテ
（折り込みパイ生地）

クレーム・ド・ノワゼット
（ヘーゼルナッツクリーム）

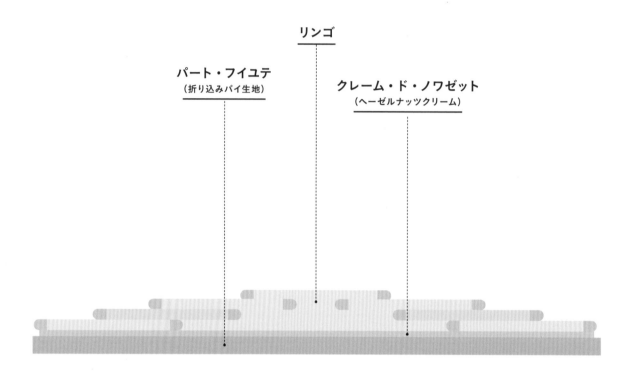

どんなタルト？

円形にカットした折り込み
パイ生地の上に、ヘーゼル
ナッツクリームとリンゴを
のせます。

製作時間

下準備：2時間〜2時間半
焼成：45分〜1時間
寝かせ：2〜3日

必要な道具

直径24cmのセルクル型
8mmの丸口金と絞り袋
刷毛

ヴァリエーション

リンゴの代わりに、スモモ、アプリコット、洋ナシなど、
他のフルーツを使ってもよいでしょう。

アドバイス

パート・フイユテの焼き加減を見るには、パレットナ
イフで底をそっと持ち上げて黄金色になっているか
どうかを確認しましょう。

美しく仕上げるコツ

リンゴの表面に溶かしバターを塗るとつや
が出ます（必ずカソナードを振る前に行う）。
あらかじめ組み立てておき、食べる直前
に焼成することもできます。

基本テクニック

生地を3つ折り（トゥール・サンプル）
にする　P.18
フルーツをカットする　P.133
生地やクリームを絞る　P.138

注意すべきポイント

タルトの焼き加減

手順

2日前：パート・フイユテのデトランプを
作る⇒バターを折り込む⇒3つ折りを2
回行う
前日：3つ折りを2回行う⇒クレーム・
ド・ノワゼットを作る
当日：3つ折りを1回行う⇒組み立て⇒
焼成

材料（4〜6人分）

1　パート・フイユテ

薄力粉：125g
強力粉：125g
水：120g
酢（ホワイトビネガー）：10g
塩：5g
溶かしバター：30g
バター（折り込み用）：150g

2　クレーム・ド・ノワゼット

バター：50g
グラニュー糖：50g
全卵：50g（1個）
ヘーゼルナッツパウダー：50g
薄力粉：10g

3　フィリング

リンゴ（ロイヤル・ガラ、紅玉など）：
4〜6個
カソナード（ブラウンシュガー）：30g
バター：50g

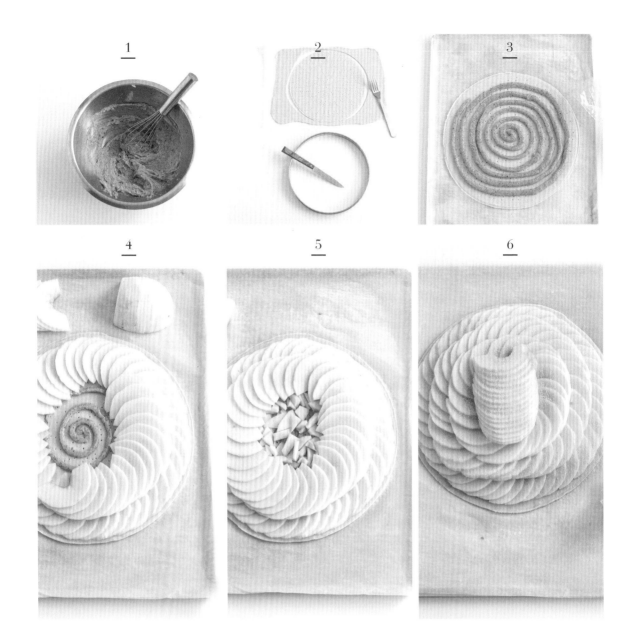

1　パート・フイユテを作る（P.16参照）。
クレーム・ダマンドと同じ要領で、クレーム・
ド・ノワゼットを作る（P.28参照）。アーモ
ンドパウダーの代わりにヘーゼルナッツパ
ウダーを使うこと。

2　1のパート・フイユテを3mmの厚さ
に伸ばす。セルクル型を上に置き、その内
側に沿ってナイフの刃を入れ、直径24cm
の円形にカットする。ナイフでカットすると、
型を押し込んで生地を抜くより焼き上がり
がきれいになる。表面をフォークの先でピ
ケする。

3　口金をつけた絞り袋に1のクレーム・
ド・ノワゼットを入れ、2の上に渦巻き状
に絞る。縁から約2cm空けておく。

4　オーブンを180℃に温めておく。リン
ゴをカットし、厚さ1～2mmにスライスす
る（P.133参照）。3の上に円を描くように並
べる。芯を取って凹んだ部分が隠れるよう
にリンゴスライスを重ねる。

5　4の上に、やや小さめの円を描くよう
にリンゴスライスを並べる。タルトの中央
にリンゴの切れ端を置く。同様にして、さ
らに小さな円を描くようにリンゴスライスを
並べる。

6　5の3周目のリンゴの円の上に、リン
ゴスライスの半個分をまっすぐに並べる。
バターを溶かし、表面につやが出るよう刷
毛で塗る。全体にカソナードを振る。オー
ブンに45分～1時間入れる。

CRUMBLE
FRUITS ROUGES

クランブル・フリュイ・ルージュ

（ミックスベリーのクランブルタルト）

メランジェ・ド・
フリュイ・ルージュ
（ミックスベリー）

クランブル生地

サブレ・ブルトン
（ブルターニュ風サブレ生地）

クレーム・ダマンド
（アーモンドクリーム）

粉糖

どんなタルト？

サブレ・ブルトンの上にアーモンドクリームを絞り、その上にミックスベリーとクランブル生地をのせます。

製作時間

下準備：1時間半
焼成：45分〜1時間
冷凍：1時間以上

必要な道具

直径22cmのアントルメ用セルクル型
10mmの丸口金と絞り袋
スタンドミキサー（ボウル、平面ビーター）

ヴァリエーション

ミックスベリーの代わりに角切りのリンゴを使ってもよいでしょう。

基本テクニック

生地やクリームを絞る　P.138

注意すべきポイント

セルクル型からきれいにタルトをはずす

保存方法

サブレ・ブルトンは冷凍で2週間保存できます。

アドバイス

セルクル型からはずす時、もしタルトが冷えすぎていたら、160℃のオーブンで数分温めましょう。その方がはずしやすくなります。
ミックスベリーは冷凍を使っても構いません。その場合は解凍せずにそのままタルトにのせます。ただし、イチゴは解凍時に水がたくさん出るので避けましょう。

手順

前日：サブレ・ブルトンを作る⇒クレーム・ダマンドを作る⇒クランブル生地を作る
当日：組み立て⇒焼成⇒デコレーション

材料（8〜10人分）

1 サブレ・ブルトン

バター：110g
グラニュー糖：105g
卵黄：45g（卵2〜3個）
薄力粉：150g
ベーキングパウダー：4g
塩：2g
型に塗るためのバター：適量

2 クレーム・ダマンド

バター：100g
グラニュー糖：100g
全卵：100g（2個）
アーモンドパウダー：100g
薄力粉：20g

3 クランブル生地

アーモンドパウダー：100g
グラニュー糖：100g
薄力粉：100g
バター：100g

4 フィリング

ミックスベリー（ラズベリー、ブルーベリー、
グロゼイユ、ブラックベリーなど）：1kg
粉糖：適量

1 サブレ・ブルトンを作る（P.20参照）。
内側にバターを薄く塗ったセルクル型に入
れ、冷凍庫で1時間以上寝かせる。

2 クレーム・ダマンドを作る（P.28参照）。
口金をつけた絞り袋に入れて、1の上に渦
巻き状に絞る。

3 オーブンを170℃に温めておく。ミック
スベリーを2の上にのせる。最後のデコ
レーションに使う分は取っておく。

4 クランブル・ショコラと同じ要領で、
クランブル生地を作る（P.27-1参照）。3の
上に敷いて、オーブンに45分〜1時間入
れる。

5 粗熱を取ってから、ナイフの刃をセル
クル型とタルトの間に入れて型をはずす。
そのまま室温で冷ます。

6 上から茶こしで粉糖を振って、3で取っ
ておいたミックスベリーを飾る。

PISTACHE
POIRES

ピスターシュ・ポワール
（洋ナシとピスタチオのタルト）

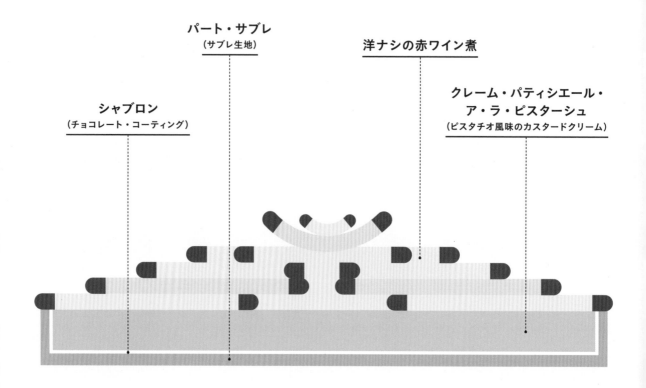

パート・サブレ
（サブレ生地）

洋ナシの赤ワイン煮

シャブロン
（チョコレート・コーティング）

**クレーム・パティシエール・
ア・ラ・ピスターシュ**
（ピスタチオ風味のカスタードクリーム）

どんなタルト？

パート・サブレの土台にピスタチオ風味のカスタードクリームを詰めて、洋ナシの赤ワイン煮をのせます。

製作時間

下準備：2時間
焼成・加熱：約1時間半
寝かせ：6時間以上（24時間がベスト）

必要な道具

直径24cmのタルト用セルクル型
10mmの丸口金と絞り袋
スタンドミキサー（ボウル、平面ビーター）
おろし器（マイクロプレイン社のフードグレーター
など）、搾り器、刷毛

ヴァリエーション

洋ナシは、赤ワインを使わずに、スパイスを入れたシロップで煮るだけでもよいでしょう。

基本テクニック

フルーツをカットする　P.133
シロップを作る　P.137
シャブロネする　P.138

注意すべきポイント

パート・サブレの焼き加減
洋ナシの火入れ

アドバイス

洋ナシをはじめからスパイス入りワインシロップで煮れば、時間が短縮できます。その場合、果肉の内側は写真のように白くはなりません。
ワインシロップをとろっとするまで煮詰めて、ソースとしてタルトに添えて出してもよいでしょう。

手順

前日：パート・サブレを作る⇒クレーム・パティシエール・ア・ラ・ピスターシュを作る⇒洋ナシの赤ワイン煮を作る
当日：生地の焼成⇒組み立て⇒デコレーション

材料 (4〜6人分)

1 パート・サブレ

バター：70g
薄力粉：200g
塩：1g
粉糖：70g
全卵：60g（大1個）

シャブロン (コーティング)

ホワイトチョコレート：40g

2 洋ナシの赤ワイン煮

オレンジ：1個
赤ワイン：750g
グラニュー糖：150g
トンカ豆：1/4個
バニラビーンズ：1本
シナモンスティック：1本
スターアニス：1個
ナツメグ：1つまみ

シロップ用

水：1ℓ
グラニュー糖：300g
バニラビーンズ：1本

**3 クレーム・パティシエール・
ア・ラ・ピスターシュ**

卵黄：100g（卵5〜6個）
グラニュー糖：120g
コーンスターチ：50g
牛乳：500g
バター：50g
ピスタチオペースト：20g

4 フィリング

洋ナシ（コンファレンス種など）：6〜8個
ピスタチオ：50g（適宜）

1　パート・サブレを作る（P.10参照）。クレーム・パティシエールと同じ要領で、クレーム・パティシエール・ア・ラ・ピスターシュを作る（P.30参照）。最後にピスタチオペーストを加えること。

2　洋ナシの赤ワイン煮を作る。フィリング用の洋ナシの皮をむく（P.133参照）。バニラビーンズのさやを縦2つに割って種をこそぎ取る。シロップ用の水、グラニュー糖、バニラビーンズの種とさやを鍋に入れて加熱する。沸騰したら火を弱めて表面が細かく波打つ状態にし、洋ナシを入れて20〜30分煮る。柔らかくなりはじめたくらいで火からおろし、水気を切る。

3　オレンジの皮をピーラーでむき、搾り器で果汁を搾る。赤ワイン、グラニュー糖、オレンジの果汁と皮、おろし器でおろしたトンカ豆、バニラビーンズの種とさや、シナモンスティック、スターアニス、ナツメグをすべて鍋に入れて加熱する。沸騰したら2の洋ナシを入れて弱火にし、表面が細かく波打つくらいの火加減で15〜30分煮る。外側が赤く染まり、中は白い状態に仕上げる。水気を切って、室温で冷ます。

4　オーブンを170℃に温めておく。1のパート・サブレをセルクル型に敷き込み、表面をフォークの先でピケする（P.14参照）。焼き加減を見ながら、オーブンに20〜30分入れる。冷ましてから刷毛でシャブロネする。

5　1のクレーム・パティシエール・ア・ラ・ピスターシュを泡立て器でかく拌してなめらかにする。口金をつけた絞り袋に入れて、4の上に渦巻き状に絞る。

6　3の洋ナシの赤ワイン煮を2分割し、種と芯を取って薄くスライスする。5の外側に円を描くように並べ、小さい切れ端は中心に置く。同じ要領で、円を少しずつ小さくしながら、タルトの上面がすべて覆われるまで洋ナシのスライスを並べていく。好みで、ピスタチオを粗めに刻み、食べる直前に上に置く。

CHAPITRE 3

LE GLOSSAIRE

第 3 章
用語解説

DÉCORS／デコレーション

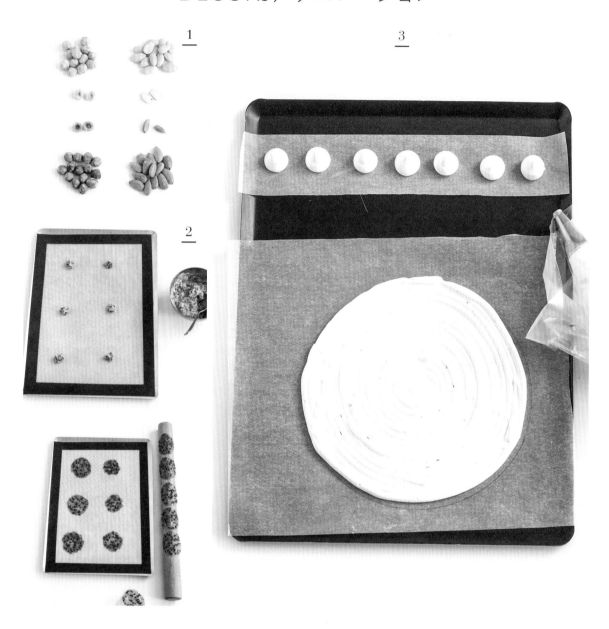

1 ナッツをローストする

オーブンを170℃に温めておく。オーブンシートを敷いた天板の上にアーモンドやヘーゼルナッツを並べ、15〜20分オーブンに入れる。試しにどれか1粒を割ってみて、中まで黄金色になっていたら完成。必要に応じて粗めに刻んで使用する。

2 刻んだナッツ入りチュイルを作る

ポマード状にしたバター30gとグラニュー糖65gをへらで混ぜ、薄力粉20g、オレンジ果汁25g、刻んだナッツ30gを加えてさらに混ぜる。冷蔵庫で数時間寝かせる。オーブンを200℃に温めておく。寝かせた生地を小さじで少量ずつすくい、シリコン製オーブンシート（なければ紙製オーブンシートでも可）を敷いた天板の上に、間隔を十分に空けて置く（焼くと生地が広がるため）。オーブンに入れて数分焼く。縁が黄金色になり、中心がまだ白いくらいで取り出す。

チュイルにカーブをつける場合は、熱いうちに金属製のへらなどを使ってシートからはがし、麺棒やトヨ型にのせる。

ナイフでカットする場合も、冷めた後だと割れてしまうので、まだ熱くて柔らかいうちにする。

3 ムラング（メレンゲ）の円盤やドームを作る

円盤：8mmの口金をつけた絞り袋にアパレイユを入れる。オーブンシートの上に、中心から外側へ向かって渦巻き状に必要な大きさだけ絞る。

ドーム：オーブンシートから高さ1cmほどのところで絞り袋を垂直に構え、必要な大きさだけドーム状に絞る。

DÉCOUPE DES FRUITS／フルーツをカットする

1 リンゴ

ピーラーで皮をむき、ペティナイフで2分割して芯と種を取り除く（縦型ピーラーの場合はピーラーの先端を使う）。カット面を下にして2mmの厚さにスライスする。

2 ルバーブ

両端を切り落とし、ピーラーで皮をむく。むきにくい場合はペティナイフで先端に切り込みを入れて筋を引っ張る。必要な長さにカットする。

3 マンゴー

両端を切り落とし、ペティナイフで皮をむく。種を挟んで縦に2分割し、必要な大きさにカットする。

4 ココナッツ（ヤシの実）

ヤシの実の果肉はピーラーを使って削る。

5 洋ナシ

加熱する前にピーラーで皮をむく。底の皮もきれいにくり抜いておくこと。煮終えたら2分割し、ペティナイフや縦型ピーラーで芯と種を取り除く。

6 柑橘

柑橘の上下を切り落とす。よく研いだペティナイフを使い、外皮を上から下へカットする。果実の外側2〜3mmまでナイフを入れて、わたもきれいに取り除くこと。果肉を包む薄皮の内側にV字に切り込みを入れて、果肉だけを取り出す。

USTENSILES／道具

1　ペティナイフ、ピーラー
（縦型ピーラー）

2　泡立て器、へら（ゴムべら）、
カード（ドレッジ）

3　刷毛、L字型パレットナイフ、麺棒

4　シノワ（スープ・ソース用こし器）

5　ボウル、鍋、ラップ
※湯煎をする場合、鍋に重ねられて底が
つかないボウルが必要（P.138参照）。

6　アルミ製天板、金網

7　天板、オーブンシート、
シリコン製オーブンシート、ムースフィルム

8　絞り袋、丸口金、サントノーレ口金

9　スタンドミキサー用ボウル
（ヘッド：平面ビーター、ワイヤーホイップ、
ドゥフック、フレックスエッジビーター）、
ハンドブレンダー

USTENSILES／道具

10 アントルメ用角セルクル型
（カードル）

11 タルト用セルクル型（直径20cm、24cm）、小さなタルト（タルトレット）用セルクル型

12 アントルメ用セルクル型（大、小）、抜き型（直径8cm、10cm）

13 球体シリコンモールド

14 丸型シリコンモールド、角型シリコンモールド

15 スライサー、おろし器（マイクロプレイン社のフードグレーターなど）

16 料理用温度計

17 ミキサー

18 ガストーチバーナー

BASIQUES／基本テクニック

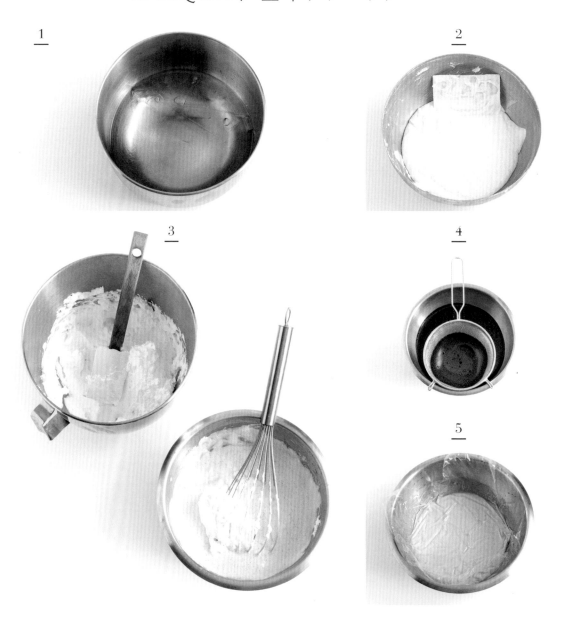

1 ゼラチンを戻す

板ゼラチンを冷水に入れ、15分ほど浸して柔らかくなるまで戻す。両手で押さえて水気を切ってから、クリームやシロップなどに加えて使う。混ぜ合わせた後、一定の温度まで冷えると固まってしまうので（15〜20℃）、早めに使うのが望ましい。
長く保存する場合、泡立て器でかく拌してなめらかにしてから使う。

2 カードを使いこなす

ドレッジ、スケッパーとも言う。片側は直線で、もう片側は丸みがついたプラスティック板。用途によって両サイドを使い分ける。丸みがある方は、ボウルの側面についた生地を取ったり、絞り袋に生地を詰めたり と、カーブがついた容器に使うと便利。絞り袋に入れた生地を口金の方に寄せるには、絞り袋を台に寝かせてカードの直線の方でこそぐとよい。バットや天板の上の生地や材料を集めるのにも使える。

3 2種類のクリームや生地を混ぜ合わせる

一気に混ぜずに、2回に分けて混ぜるのがコツ。まず、軽い方のクリーム（生地）の1/3を、重い方のクリーム（生地）に加えて泡立て器でしっかりと混ぜ合わせる。それから軽い方の残り2/3も加えて、泡立て器かゴムべらでそっと混ぜる。なるべく軽い質感を残しつつ、均一になるようにすること。

4 シノワでこす

ソースやスープなどの液体をシノワ（なければパソワールなど別のこし器でも可）でこして、不要な固形物を取り除く。グラサージュなどの液体をなめらかにするためにも使われる。

5 ラップでふたをする

ボウルなどに入れた生地の表面に、ラップをしっかりと密着させる。こうすることで空気の侵入を防ぎ、表面が乾いてパサつくのを避けられる。また、熱い生地から蒸発した水蒸気が、水滴となって生地を濡らすこともなくなる。好気性バクテリアの繁殖も予防できる。

BASIQUES／基本テクニック

6

7

8

9

10

6 バターをクリーム状にする（クレメ）

バター、あるいはバターと砂糖を合わせたものを、泡立て器でしっかり混ぜてムース状やクリーム状にする。バターはあらかじめポマード状にしておく。

7 シロップを作る

使う道具はきれいに洗って乾かしておく。分量の水と砂糖を鍋に入れる。あらかじめ混ぜずに、別々に入れる。鍋を中火にかける。鍋肌に飛び散ったシロップは砂糖の結晶となって中に落ちやすく、ざらざらした仕上がりになってしまうので、湿らした刷毛で適宜ぬぐう。沸騰したら温度計を入れる。先端が鍋底や鍋肌につかないよう気をつける。指定の温度になるまで加熱する。

8 バターをポマード状にする

バターを小さくカットし、室温に戻して柔らかくする。電子レンジなどで少し熱を加えてもよいが、溶かして液状にしないよう気をつける。へらや泡立て器で混ぜてなめらかにする。

9 生クリームを泡立てる（クレーム・モンテ）

生クリームは乳脂肪分30％以上のものを使う。あるいは、クリームの10～20％の分量のマスカルポーネチーズを加えてもよい。生クリーム、ボウル、泡立て器は、いずれも30分以上冷蔵庫に入れて冷やしておく（P.42参照）。クリームがふんわりして2倍の量になるまで、泡立て器でしっかりと

かき混ぜる。固めに仕上げる場合、泡立て器を大きく動かしながら、濃密で、なめらかで、もったりするまでさらにかき混ぜる。

10 卵黄を白っぽくなるまで泡立てる

卵黄に砂糖を加えたものを泡立て器で混ぜて、ムース状にする。量が2倍になり、色が白っぽくなるまで続ける。量が多い場合、電動のハンドミキサーを使えば時間を半分ほどに短縮できる。

BASIQUES／基本テクニック

11

12

13

14

11 チョコレートを
湯煎で溶かす

鍋とボウルを用意する。ボウルは、鍋に重ねることができ底が湯に触れない、鍋よりやや大きめのサイズにする（P.134参照）。鍋に水を入れて火にかけ、沸騰しない程度に加熱する。小さくカットしたチョコレートをボウルに入れて鍋に重ね、熱い蒸気で溶かす。

12 シャブロネする

タルトの土台の表面に、チョコレートを薄く塗ってコーティングする。これにより中に詰めるクリームやガナッシュが土台に染み込みにくくなり、タルトのサクッとした食感を保つことができる。

13 生地やクリームを絞る

●道具
絞り袋は使い捨てのものが衛生的。口金にはさまざまなタイプがあり、口径の大きさによって番号が異なる。8mmの丸口金、サントノーレ口金など。

●絞り袋の使い方
口金を絞り袋に入れ、口金の1/3が外に出るよう袋の先端をハサミでカットする。口金の少し上で袋をねじり、その部分を口金の中に入れておく。こうすることで、生地（クリーム）を詰める時に先端から漏れにくくなる。袋の上部を折り返し、へらやカードを使って生地（クリーム）を袋の2/3まで詰める。袋の上部を元に戻し、軽くねじりながら生地（クリーム）を下へ落とす。口金を引っ張って、先ほどねじっておいた部分を元に戻す。タルトの土台やフィリングなどを渦巻き状に絞る時は、袋を斜めに構える。一方の手で袋の下部を軽く支えて動かしながら、もう一方の手で袋の上部を握ってクリームを押し出すのがコツ。

14 球体シリコンモールドの使い方

●2枚で1組の穴付きモールドを
使う場合（写真）：
下側のモールドに、縁ぎりぎりまで生地を絞り入れる。上側のモールドをはめてふたをする。上の穴から生地を絞って隙間に詰める。型を台に軽く落として空気を抜き、隙間が空いたらさらに生地を絞る。

●半球用モールドを使う場合：
モールドの縁ぎりぎりまで生地を絞り、冷凍庫に4時間以上入れる。型からはずし、出来上がった半球を冷凍庫に入れておく。同じモールドに今度は3/4だけ生地を入れ、先ほど作った半球をその上にのせて、軽く回しながら2つの半球をくっつける。冷凍庫に4時間以上入れる。

ASTUCES PÂTE／生地（パート）の扱い方

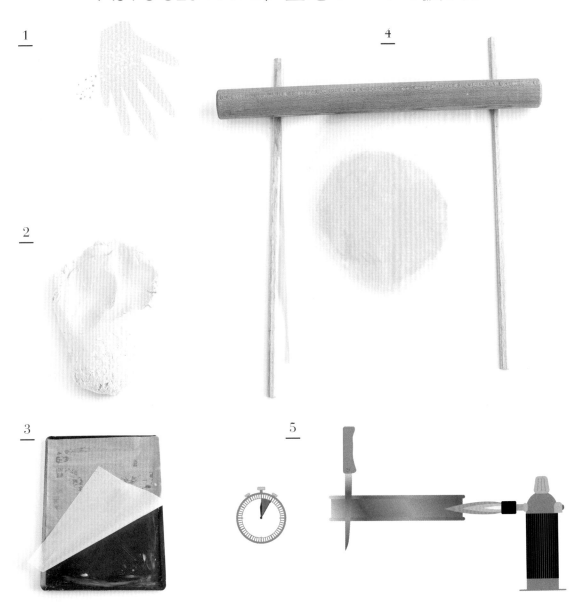

1 打ち粉をする（フルレ）

小麦粉（強力粉または薄力粉）を台に薄く振り、生地がくっつかないようにする。打ち粉が多すぎると、材料の小麦粉の分量が増えて生地が固くなるので気をつける。

2 生地を押し伸ばす（フレゼ）

ボウルの中でまとめた生地を台の上に置き、手のひらの付け根で台に押しつけるようにして伸ばして、均一でなめらかな状態にする。1〜2回にとどめておき、こねたり、伸ばしすぎたりしないよう気をつける。

3 天板の用意をする

天板の上にシリコン製オーブンシート、または紙製オーブンシートを敷く。フッ素加工の天板の場合はシートは不要。生地を広げたり絞ったりする時にシートがずれないよう、天板とシートの間にポマード状にしたバターを薄く塗っておくとよい。

4 生地を伸ばす（アベセ）

麺棒で生地を伸ばす。生地の厚さを均等にするにはアクリルルーラーがあると便利だが（P.26参照）、ない場合は箸で代用できる。生地の左右に箸を1本ずつ置き、その高さに沿って麺棒を転がす。

5 型からはずす

● ガストーチバーナーを使う場合：
型の外側を5秒ほど火であぶる。熱しすぎないように気をつける。
● ナイフを使う場合：
熱したナイフの刃をタルトの土台と型の間に入れる。

レシピ一覧

材料索引

※本書掲載のレシピで使用している主な材料の索引です。

主な参考文献

『フレデリック・カッセル 初めてのスイーツ・バイブル』フレデリック・カッセル〈監修〉（世界文化社）

『使える製菓のフランス語辞典』辻製菓専門学校〈監修〉、小阪ひろみ、山崎正也〈著〉（柴田書店）

『タルトの発想と組み立て 6人のパティシエのアイデアと技法』
石井英美、河田 薫、神田智興、森 大祐、島田 徹、江森宏之〈著〉（誠文堂新光社）

『仏英独＝和〔新〕洋菓子辞典』千石玲子、千石禎子〈編〉（白水社）

『プロのための製法技法 生地』金子美明、魵澤信次、森本 慎、藤生義治〈著〉（誠文堂新光社）

『よくわかるお菓子づくりの基礎の基礎』エコールキュリネール国立〈著〉（柴田書店）

『「オーボンヴュータン」河田勝彦の フランス郷土菓子』河田勝彦〈著〉（誠文堂新光社）

『エーグルドゥース 味の美学』寺井則彦〈著〉（柴田書店）

『金子美明の菓子 パリセヴェイユ』金子美明〈著〉（柴田書店）

『ル・コルドン・ブルーのフランス菓子基礎ノート—サブリナを夢みて〈2〉』ル・コルドン・ブルー東京校〈著〉（文化出版局）

『フランス菓子基本の基本—ル・コルドン・ブルーに学ぶ』ル・コルドン・ブルー東京校〈著〉（文化出版局）

『プロのためのわかりやすいフランス菓子』川北末一〈著〉（柴田書店）

美しいフランス菓子の教科書

フランスでベストセラー！
基礎から学ぶパリの製菓レシピ約100選

本書は本国フランスをはじめ、ヨーロッパでベストセラーとなったフランス菓子のレシピブック。第1章では、基本の生地やクリーム、デコレーションなど46の基本技法を解説。第2章では、この基本レシピを応用したベーシックな焼き菓子から、贅沢なホールケーキなど、様々なフランス菓子53種のつくり方を美しい写真とイラストで紹介します。第3章では約20ページにわたり、材料説明や基礎的な技法説明も収録。フランス製菓レシピの決定版となる1冊です。

レシピ＆解説：メラニー・デュピュイ
翻訳：河 清美
ISBN：978-4-7562-4809-1 C0077
定価(本体価格)：本体¥3,500＋税

レシピ＆解説／メラニー・デュピュイ

パリで人気の料理教室、『アトリエ・デ・サンス』で、ジャン-バティスト・チボーとともに、お菓子のレッスンを担当する講師。ラグジュアリーホテルでパティシエールとしてデビューし、ミシュラン一つ星のレストラン、『エレーヌ・ダローズ』で、ブノワ・カステルに師事。コスト兄弟が経営するグループや、ノマド、リュブレ・トレトゥール、エディアールなどの老舗のケータリング・レストランでデザートを担当した経歴を持つ。製菓の技術と魅力を伝授するために、日々活動している。

翻訳／田中裕子

フランス語の書籍翻訳を手がけるとともに、熊本でフランス料理店を共同経営している。おもな訳書に『魔法使いたちの料理帳』オーレリア・ボーポミエ（原書房）、『トマト缶の黒い真実』ジャン＝バティスト・マレ（太田出版）、『幸福論　あなたを幸せにする93のストーリー』アラン（幻冬舎）などがある。

美しいタルトの教科書

2020年1月18日　初版第1刷発行
2021年3月6日　　第2刷発行

レシピ＆解説：メラニー・デュピュイ
写真：ピエール・ジャヴェル
絵：ヤニス・ヴァルツィコス
技術説明：アンヌ・カゾール
翻訳：田中裕子
制作協力：原田真由美
校正：株式会社 鷗来堂
デザイン・DTP：小松洋子
日本語版編集：長谷川卓美
発行人：三芳寛要

発行元：株式会社パイ インターナショナル
〒170-0005 東京都豊島区南大塚 2-32-4
TEL 03-3944-3981　FAX 03-5395-4830
sales@pie.co.jp

印刷・製本：図書印刷株式会社